正路育加

ゆかの
グローバル
クッキング

世界の家庭料理は
こんなに美味しい

Global Cooking by Syoji Yuka

西田書店

はじめに

　私が長らく住む神戸はよく知られた都市ですが、他の大都市と比べて面積はそれほど広くはありません。でも、この町がかもしだす雰囲気は独特で、それは国際都市として歩んできた歴史によるものだと思います。

　外国の人たちと交わることの抵抗感はすくなく、私もそうした環境のなかで、13年間ボランティア通訳として多くの外国の友人を得ながら暮らしてきました。そして付き合いの出来た人たちの母国の歴史、習慣、食生活などさまざまなことを教えてもらいました。

　この本はそうした経験がもとになって成り立っていますが、具体的には20年間主宰してきた「国際クッキングクラブ」での活動が母体となっています。このクラブは神戸に住む外国の主婦やシェフに、母国の家庭料理を習う場として育ってきました。そこで教えてもらったさまざまな料理を私なりの工夫をこらし、より優しい味に、より簡単な調理法をもとに、料理教室「ボンボニエール」でそれらをお伝えしています。

　食はさまざまな国と人をつなぎます。そして異なる食文化を理解するのはその国の根本を知ることでもあるようです。この本では日本で手に入る材料を使って、できるだけ本格的な味を作れるように心がけました。

　それぞれの料理は決してむずかしいものではありません。どうぞ手にとって気の向くままに各国の料理を楽しんでください。そして味わいながらその国への思いをはせていただければ、著者としてこれ以上の喜びはありません。

　　　　　　　　　　　　2016年春　神戸「ボンボニエール」にて
　　　　　　　　　　　　　　　　　　　　正路 育加

◆ はじめに

I 中近東とインドの家庭料理

6 ◆ レバノン料理

- 8 ◆ フンムス(ヒヨコ豆のペースト)
- 9 ◆ ナスのペースト
- 10 ◆ タブーレ
- 11 ◆ スパイシーポテトフライ
- 12 ◆ 鶏レバーの炒め物
- 13 ◆ ほうれん草と白いんげん豆のサラダ
- 14 ◆ チーズロール
- 16 ◆ シシケバブ
- 17 ◆ エビの串焼き
- 19 ◆ ナスのトマトソース煮込み
- 20 ◆ バミセリライス
- 21 ◆ ドライフルーツのコンポート
- 22 ◆ デイツの詰め物
- 23 ◆ バクラバ

26 ◆ トルコ料理

- 27 ◆ チェルケズタヴー(鶏肉のペースト)
- 28 ◆ エズメ(トルコ風ピリ辛ディップ)
- 29 ◆ ヨーグルトの前菜

30 ◆ エジプト料理

- 31 ◆ ナスとパプリカのサラダ
- 33 ◆ ハワウシ(エジプシャンピザ)

34 ◆ インド料理

- 36 ◆ サモサ(ミントソース付き)
- 38 ◆ ライタ(ヨーグルトのサラダ)
- 39 ◆ ほうれん草とパニール(自家製カッテージチーズ)のカレー
- 41 ◆ コフタカレー
- 42 ◆ ターメリックライス
- 43 ◆ タンドリーチキン
- 44 ◆ サイミタイ(アーモンド・ボール)

II アジアの家庭料理

46 ◆ 中国料理

- 47 ◆ 拌四絲(パンスース)
- 48 ◆ 大根とクラゲのねぎ油ソース
- 49 ◆ 酸棘湯(スワンラータン)
- 50 ◆ カキのお好み焼
- 51 ◆ 鶏むね肉のしょうがソース
- 53 ◆ 春雨土鍋煮込み

54 ◆ 韓国料理

- 55 ◆ トッポキ
- 56 ◆ パジョン
- 57 ◆ 詰め物のチヂミ
- 58 ◆ サンジョッ
- 59 ◆ 金目鯛の煮つけ
- 60 ◆ スンドゥブ鍋

62 ◆ タイ料理

- 63 ◆ ヤム・ウン・セン
- 64 ◆ ポー・ピィア・クン
- 65 ◆ トムカーガイ
- 66 ◆ パッタイ
- 68 ◆ マップ・ラオ・プリン

70 ◆ ベトナム料理

- 71 ◆ バインセオ
- 73 ◆ 手羽先のニョクマム焼き
- 74 ◆ 野菜と厚揚げの肉詰め
- 75 ◆ 白玉団子とさつま芋のチェー

76 ◆ シンガポール料理

- 77 ◆ ラクサ
- 79 ◆ 海南チキンライス
- 81 ◆ チリクラブ

82 ◆ フィリピン料理

- 83 ◆ チキンアドボ

食材・調味料のご紹介
- 15 ◆ ニンニク生姜・塩レモン
- 69 ◆ タイ調味料
- 72 ◆ ベトナム調味料
- 89 ◆ こぶミカンの葉・レモングラス・カランガル
- 93 ◆ キャンドルナッツ・エシャロット・インドネシア調味料
- 206 ◆ エルブドゥプロバンス

ゆかの食べ歩き
- 96 ◆ バリ島 —— 神々の棲む島で
- 130 ◆ パリ —— 日常に溶け込んで
- 164 ◆ 中国の男性は家事に親しむ
  深夜のドバイにて —— 外国人とすぐに仲良くなるコツ

84 ◆ インドネシア料理
- 86 ◆ ガドガド
- 87 ◆ 簡単ピーナッツソース
- 88 ◆ アヤムゴレン(インドネシア風鳥の唐揚げ)
- 90 ◆ サテアヤム
- 91 ◆ 豚ロースのサテ
- 92 ◆ 魚のサテ
- 94 ◆ 生サンバル
- 95 ◆ エステレール

Ⅲ ヨーロッパとロシアの家庭料理

98 ◆ イタリア料理
- 100 ◆ クロスティーニ3種
- 102 ◆ ポルチーニのリゾット
- 104 ◆ ローマ風焼きニョッキ
- 105 ◆ トマトソース
- 107 ◆ 豚のスカロピーネ・マルサラ酒風味
- 109 ◆ ティラミス

110 ◆ スペイン料理 タパス
- 111 ◆ プルポ・ガジェーゴ
- 112 ◆ ズッキーニクリーム
- 113 ◆ エビのアヒージョ
- 114 ◆ オイルサーディン

116 ◆ ロシア料理
- 117 ◆ ピロシキ
- 118 ◆ 休日のサラダ
- 120 ◆ ボルシチ

Ⅳ 中南米の家庭料理

122 ◆ ペルー料理
- 123 ◆ パパ・ア・ラ・ワンカイーナ

124 ◆ メキシコ料理
- 125 ◆ グァカモーレ
- 126 ◆ サルサ
- 127 ◆ セビーチェ・シナロワ風

128 ◆ ブラジル料理
- 129 ◆ フェジョアーダ

Ⅴ 世界のピクニック料理

- 134 ◆ オイスター・ラブローフ
- 135 ◆ キッシュ・ロレーヌ
- 137 ◆ ピタパン
- 138 ◆ ファラフェル
- 139 ◆ キャロットラペ
- 140 ◆ ナスのペースト
  オリヴィエ(鶏とじゃが芋のサラダ)
- 141 ◆ イタリア風の豆のサラダ
- 142 ◆ フルーツゼリー
- 143 ◆ 天使の羽根のキャラメルカップケーキ

VI アフタヌーンティー

- 148 ◆ ベリーのシャンパン
  スコーン
- 150 ◆ サーモンマリネとクリームチーズの
  オープンサンド
- 151 ◆ スノーボール
- 152 ◆ モンブラン
- 153 ◆ トマトのサラダ
- 154 ◆ 洋ナシのコンポート
- 155 ◆ 桃のコンポート
  金柑のコンポート
- 156 ◆ ガトー丹波
- 158 ◆ シュトーレン
- 160 ◆ ホットワイン
- 161 ◆ チーズタルト
- 163 ◆ 大人のラムレーズンケーキ

VII 日本のお節料理

- 168 ◆ 鯖の味噌なます
- 169 ◆ クルミのごまめ
- 170 ◆ 黒豆
- 171 ◆ さつま芋の茶巾絞り
- 172 ◆ 松風
- 173 ◆ 牛肉の赤ワインソース
- 174 ◆ 鴨の照り焼き

VIII ボンボン オ ショコラ

- 178 ◆ テンパリング
- 181 ◆ マンディアン
  オランジェット
- 182 ◆ チェリーボンボン
- 184 ◆ フランボワーズトリュフ
  キャラメルトリュフ
- 186 ◆ 紅茶のトリュフ
- 187 ◆ プリュンヌ
- 188 ◆ ソンシソン（サラミソーセージの意）
- 189 ◆ プラリネジャンドゥーヤ
- 190 ◆ チョコレート・キャラメル・タルト
- 191 ◆ カリカリ

IX アペリティフ

- 196 ◆ アボカドのディップ
- 197 ◆ サーモンマリネ
- 198 ◆ 豚のリエット
- 199 ◆ ロースハムと野菜のディップ
  サバのリエット
- 200 ◆ 豚と鶏レバーのテリーヌ
- 202 ◆ ロールパイ
- 203 ◆ ブルーチーズのテリーヌ
- 204 ◆ じゃが芋のクラッカー
- 205 ◆ パプリカのムース

X 簡単デザートとおやつ

- 209 ◆ いちごのヨーグルトババロア
- 210 ◆ マンゴープリン
- 211 ◆ ココナッツのレモンケーキ
- 212 ◆ ラスク

- 213 ◆ 世界の家庭料理はみんな美味しい
- 215 ◆ 感謝をこめて

I
中近東とインドの家庭料理

レバノン料理

レバノン料理と言ってもあまり馴染みがないと思いますが、中東の方に聞くとイスラム圏では一番美味しいと言います。特にメゼという代表的なものだけでも数十種類ある前菜が有名です。私の友人にお料理上手なレバノン人がいて、よくレバノン料理でもてなしてくれました。その友人から教わったレバノン家庭料理をご紹介します。

Ⅰ 中近東とインドの家庭料理

フンムス（ヒヨコ豆のペースト）

缶詰のヒヨコ豆でも手軽に出来ますが、乾燥豆を戻してから茹でて作ると、とても美味しく出来ます。ピタパン（参照P.137）やフランスパンにたっぷり付けて召し上がって下さい。生にんにくが苦手な方は豆を茹でる時に入れて下さい。

材料（4人分）

ヒヨコ豆	1カップ
練りゴマ	大さじ3
にんにく	1片
無糖ヨーグルト	1/3カップ
レモン汁	1こ分
塩	適量
こしょう	少々
EXVオリーブオイル	大さじ1
パプリカパウダー	少々

作り方

1. ヒヨコ豆は一晩水に浸けておく。水を替えてから柔らかくなるまで茹でる。
2. 茹で上がった豆は水を切って飾り用に10粒ほど取り分けておく。
3. にんにくと共にフードプロセッサーにかける。練りゴマ、無糖ヨーグルト、レモン汁、塩とこしょうを加えて回す。固さは豆の茹で汁（缶詰の汁）で調整する。
4. 出来上がったペーストを器に盛り、ヒヨコ豆、EXVオリーブオイル、パプリカパウダーで飾る。

ナスのペースト

焼きナスのペーストです。ゴマが練ったものとすり潰したものがたっぷり入り、焼いたナスの香ばしい香りと共に暑くて食欲のない時にぴったりの前菜です。ピタパンやクラッカーに合うでしょう。

材料(4人分)

ナス	4本
練りゴマ	大さじ2
すりゴマ	大さじ2
無糖ヨーグルト	1/2カップ
レモン汁	1こ分
にんにく	1片
マヨネーズ	大さじ2
塩	適量
こしょう	少々

作り方

1. ナスは皮ごとグリルで強めに焼き、氷水で指先を冷やしながら皮をむく。
2. 細かく切ってボウルに入れる。練りゴマ、すりゴマ、無糖ヨーグルト、レモン汁、おろしたにんにく、マヨネーズ、塩、こしょうをよく混ぜる。

タブーレ

タブーレは今パリやニューヨークでとても流行っているサラダですが、典型的なメゼなのです。ブルガー小麦はブルグルとも呼ばれ、全粒小麦を蒸してから挽き割ったものです。食感を楽しむにゆでずに水につけるだけでよいので簡単に調理が出来ます。食物繊維が豊富なので生野菜とともに摂ると体によいといわれています。手に入りにくい時は比較的手に入りやすいクスクスで代用も出来ます。

材料(4人分)

ブルガー小麦	1/3カップ
イタリアンパセリ	1束
コリアンダーリーフ(香菜)	1束
ミントリーフ	1/2束
紫玉ねぎ	1/2こ
トマト	2こ
きゅうり	1本
青ネギ	2〜3本
レモン汁	1こ分
EXVオリーブオイル	50ml
塩	適量
こしょう	少々

作り方

1. ブルガー小麦は水に5分間ほどつけておく。柔らかい方がお好みならば、茹でるか20分間浸水する。
2. ブルガー小麦と小さめに刻んだ野菜を合わせ、レモン汁、EXVオリーブオイル、塩、こしょうでドレッシングを作って和える。

スパイシーポテトフライ

ピリッと辛いフライドポテトです。生のグリーンチリ（辛くて緑色の唐辛子）も最近では見かけるようになってきました。生の赤唐辛子でも結構ですが、量は控えて下さい。いずれも種を抜いて辛みをおさえて下さい。なければ一味唐辛子でも結構です。

材料（4人分）

じゃが芋	中3こ（約450g）
オリーブオイル	大さじ2
玉ねぎ	1/2こ
ニンニク生姜（P.15参照）	大さじ1
赤パプリカ	1/2こ
グリーンチリ（種抜）	1こ
コリアンダーリーフ（香菜）	1束
コリアンダーパウダー	小さじ1/2
塩	適量
粗びき黒粒こしょう	少々

作り方

1. じゃが芋は皮をむき、1cm角に切ってからきつね色に揚げる。
2. 粗みじんに切った玉ねぎを色付くまで炒め、ニンニク生姜、小さく刻んだパプリカ、グリーンチリを加えて炒める。
3. 刻んだコリアンダーリーフ、コリアンダーパウダー、塩、粗びき黒粒こしょうを入れて混ぜてからすぐに火を止める。

鶏レバーの炒め物

くせが気になる鶏レバーですが、ニンニク生姜やレモン汁で臭みを消し、冷めても美味しい一品です。ここでは中近東で多用されるザクロソースの代わりにさしみ醤油とハチミツを使っています。

材料(4人分)

鶏レバー	400g
レモン汁	1こ分
オリーブオイル	大さじ2
ハチミツ	小さじ1
さしみ醤油	小さじ2
ニンニク生姜	大さじ2
コリアンダーリーフ(香菜)	1/2束
塩	小さじ1/2
黒粒こしょう	小さじ1/3

作り方

1. 鶏レバーは半分にそぎ切りし、筋や血の固まりなどを取り除きレモン汁の半量をかけておく。
2. フライパンにオリーブオイルを入れてニンニク生姜を炒め、香りがたってきたら、レバーを加えて炒める。
3. ハチミツ、さしみ醤油、塩、こしょうで味付けして、残りのレモン汁と刻んだコリアンダーリーフを入れてすぐに火を止める。

ほうれん草と白いんげん豆のサラダ

初めて食べた時にその美味しさに驚きました。ここでは簡単に缶詰の白いんげん豆を使っていますが、乾燥豆を戻して茹でるともっと美味しく出来ます。ほうれん草を茹でずにから炒りすることにより旨味が濃くなります。炒めて甘みを増した玉ねぎといんげん豆をレモンドレッシングがギュッとまとめます。

材料（4人分）

ほうれん草	2束
玉ねぎ	1こ
白いんげん豆	1缶
炒め用オリーブオイル	大さじ1
レモン汁	2こ分
EXVオリーブオイル	50ml
塩	小さじ1/2
こしょう	少々

作り方

1. ほうれん草は4～5cmに切って、フライパンでしんなりするまでから炒りする。柔らかくなったら皿に取り水気を絞る。
2. 玉ねぎを薄切りにし、オリーブオイルできつね色になるまで炒める。白いんげん豆は水気を切っておく。
3. 皿のまわりにほうれん草を並べ、その内側に玉ねぎをおいて、中央に白いんげん豆を盛り付け、レモン汁、EXVオリーブオイル、塩、こしょうでドレッシングを作って上からかける。

チーズロール

中近東料理は揚げ物がとても美味しく、フィリング（具）もひき肉や野菜、チーズなどが入っていて種類も多彩です。これは春巻きの皮を使って作るのでとても簡単で美味しく、細長いシガー状に巻くと手でつまめ、パーティーのお客さまにも好評です。

材料（20本）

春巻きの皮	1袋（10枚入り）
シュレッドチーズ（ピザ・グラタン用チーズ）	200g
パルメザンチーズ	大さじ2
卵	1こ
イタリアンパセリ（なければパセリ）	1/2束
ディル	1/2束
塩	適量
粗びき黒粒こしょう	少々
水溶き薄力粉	適量

作り方

1. パセリとディルは細かく刻み、チーズと卵、塩、粗びき黒粒こしょうを混ぜる。
2. 春巻きの皮を斜めに切る。三角形の底辺を手前におき、底辺にチーズミックスを塗る。両端を折って手前から巻いていく。最後は水溶き薄力粉をのりにして止める。
3. 表面がきつね色になるまで揚げる。

Ⅰ 中近東とインドの家庭料理

ニンニク生姜

にんにくとしょうがを同量のみじん切りにして保存ビンに入れ、防腐効果のために日本酒を注ぐという簡単なものです。

フードプロセッサーにかけるともっと手軽に作れて、調理するたびにまな板も包丁も使わなくてとても便利です。本書では多くのレシピに使っています。洋食や中華にも気軽に使えますので、ぜひ作り置きして下さい。冷蔵庫で1ヵ月は保存できます。保存用の日本酒もコク出しとして使って下さい。

塩レモン

最近日本でもブームとなりましたが、地中海沿岸や北アフリカでは昔から家庭で作られてきました。モロッコのタジン料理には欠かせないものです。

レモンと塩の割合は10〜30％を目安に、用途と好みで加減して下さい。簡単に作るにはレモン1こに対して大さじ1の塩を入れて下さい。失敗しないコツはレモン汁を1〜2こ分余分に入れると、早くレモン汁が上がってカビが生じることもありません。レモンの切り方は粗みじん切り、薄切り、くし型と好みで切ります。

涼しい場所に置いて1週間くらいで使えますが、1ヶ月以上経つと熟成が進んで旨味が増します。長期保存は冷蔵庫に入れてください。

漬け汁とオリーブオイルとこしょうを合わせてカルパッチョソースやドレッシングとして使い、レモンは肉や魚の下ごしらえ、タジン風に煮込みに使って下さい。

シシケバブ

肉の串焼きという意味で牛肉、豚肉、鶏肉などどんなお肉でも使えます。スパイスに漬けた肉を香ばしく焼くと、安い肉でも美味しくいただけます。フライパンで焼くより、魚焼きグリルなどの直火で焼くことをおすすめします。竹串を使う場合は焦げたり燃えたりするのを防ぐために、あらかじめ水につけるか、出たところをアルミフォイルで巻いておきます。

材料（4人分）

鶏肉（もも・むね）	800g
すりおろし玉ねぎ	1/2こ分
ニンニク生姜	大さじ2
塩	大さじ2/3
粗びき黒粒こしょう	小さじ1
オリーブオイル	大さじ2
無糖ヨーグルト	100ml
塩レモン（P.15参照）	1切れ
クミン・コリアンダー・パプリカ	各小さじ1

好みでレッドチリパウダーか一味を少々

作り方

1. 鶏肉は3cm角に切り、すべての材料とともに厚手のビニール袋に入れる。
2. 1時間以上か出来れば一晩冷蔵庫で休める。串に刺して香ばしく焼く。

エビの串焼き

有頭のエビを使って殻の付いたまま焼くことにより、一層香ばしく焼けます。塩レモンがなければ、すりおろしたレモン皮、レモン汁、塩を使います。

材料（4人分）

大きめの有頭エビ	8尾
塩レモン	1枚
塩レモン漬け汁	小さじ1
オリーブオイル	大さじ1
パプリカパウダー	小さじ1/2
粗びき黒粒こしょう	小さじ1/2

作り方

1. エビは殻付きのまま爪楊枝か串で背ワタを取る。腹側から包丁を入れて切れめを入れる。塩レモンは粗く刻む。
2. 厚手のビニール袋に全ての材料を入れて1時間以上休めてからグリルで焼く。

ナスのトマトソース煮込み

中近東ではナスを食材としてよく使いますが、特にトマトソースで煮込むとナスに染み込んだ肉とソースの旨みが食欲をそそります。深めのオーブン対応の鍋に入れてオーブンで煮込むと、煮崩れせず、焦げ付く心配もありません。

材料（4人分）

ナス	小さめ8本
牛ひき肉	200g
豚ひき肉	200g
トマト	2こ
トマトピュレ	200g
ピーマン	3こ
パプリカ赤・黄	各1こ
小麦粉	適量
シナモンパウダー	小さじ1
ローリエ	2～3枚
キャトルエピス（こしょう、ナツメグ、ジンジャー、シナモンを混ぜたもの）	小さじ1
＊もしもなければクローブ、ナツメグ、オールスパイスなどでも代用可	
塩	適量
こしょう	少々

作り方

1. ナスはヘタを少し切り、2cm幅で切れ目を入れる。この時に切り落とさないように気を付ける（写真①）。
2. 多めに塩をして30分間ほどおく。流水で塩を流してからよく水気を拭き取る。
3. 小麦粉をナスの切れめに振り、塩、こしょうを入れ、よく練ったひき肉を詰める（写真②）。
4. トマトは湯むきして1/8に切ってトマトピュレとスパイス、塩こしょうを合わせておく。それを耐熱鍋の底に半分入れてナスを並べ、またその上にトマトをのせる（写真③）。
5. 切ったピーマンとパプリカを入れる（写真④）。
6. 鍋にアルミフォイルでふたをして、170℃のオーブンで50～60分間焼く（写真⑤⑥）。味をみて、塩とこしょうを足す。

バミセリライス

細めのロングパスタのバミセリをバターで香ばしく炒め、米と炊飯器で炊くだけで何とでも相性のよいご飯です。特にナスのトマトソース煮込みに添えると立派なおもてなし料理になります。最後に少量の塩を上から振ると、味がしまって美味しくなります。

材料（3〜4人分）

細めのロングパスタ	30g
バター	大さじ1と1/2
米	2合
塩	少々

作り方

1. 米はといで水と炊飯器の目盛に合わせておく。
2. パスタは2〜3cmに折ってバターで黄金色に炒める。米の上からパスタをのせる。
3. 炊き上がって皿に盛り付けてから少量の塩を振りかける。

ドライフルーツのコンポート

ドバイのホテルで朝食に出たドライフルーツのコンポートがあまりに美味しくてボウルの底をお玉でかき混ぜてスパイスを確認しました。スパイスが揃わなければキャトルエピス（にしょう、ナツメグ、ジンジャー、シナモンを混ぜたもの）を代わりに使って下さい。冷蔵庫で1ヶ月ほどもちます。砂糖の量はドライフルーツの種類で違ってきます。引き上げてシロップを切り、粗く刻んでクリームチーズを混ぜ合わせるとワインにぴったり合うおつまみになります。

材料

グラニュー糖	70〜100g
白ワイン	2カップ
水	1カップ
シナモン	1本
クローブ	10粒
カルダモン	10粒
八角	1こ
好みのドライフルーツ（小イチジク、アンズ、ブドウ、プルーンなど）合わせて	400g

作り方

1. 砂糖、白ワイン、水、スパイスを合わせ、少し煮詰めてシロップを作る。ボウルに入れたドライフルーツに熱いシロップをかける。
2. 冷めてからガラス瓶に入れて冷蔵庫で保存する。

デイツの詰め物

デイツとは北アフリカや中近東で取れるナツメヤシの実で、ビタミン、ミネラル、食物繊維が豊富で砂漠地帯では重要な食品の一つです。ドバイの高級デイツ専門店でたいそう高価なデイツの詰め物がありました。これなら作れると思い再現してみました。杏やプルーン、イチジクでも作れます。ワインにもコーヒーやミントティーにも合うおつまみです。

材料

デイツ、クルミ、ピスタチオ、アーモンド、ピーカンナッツ、オレンジピール、杏、プルーン、イチジク ……………… 各適量

作り方

1. ナッツ類は160℃のオーブンで10分間ローストする。
2. ピーカンナッツはチョコレートの"カリカリ"(P.191参照)と同様に飴がけをしておく。デイツは縦に切れめを入れて種を抜いておく。
3. ナッツ類、飴がけしたピーカンナッツ、オレンジピールをデイツに詰める。
4. 他のドライフルーツにも同様に詰める。

バクラバ

代表的な中近東のペストリー。中東におけるデザートは季節のフルーツが多く、スイーツはコーヒーやお茶のお供といった感じです。パートフィロ（小麦粉やトウモロコシの粉をごく薄く伸ばしたシート状のもの）を使うのが一般的ですが、手に入らない時は冷凍パイシートで簡単に作れます。冷めるとパイ生地とナッツ、バターがシロップで結晶化して一層美味しくなります。

〈冷凍パートフィロを使った場合〉

材料（25cm×25cmの焼型）

〈生地〉

パートフィロ…300g(1パック500g入り)

無塩バター ……………………… 150g

ナッツ(クルミ、アーモンド、ピスタチオ、
松の実など)合わせて ……………… 400g

砂糖 ………………………… 大さじ2

シナモンパウダー……………… 大さじ1

〈シロップ〉

砂糖 ……………………………… 2カップ

水 ………………………………… 2カップ

レモン汁………………………… 1こ分

ローズウォーター ……………… 大さじ1

(またはバニラエッセンス ………… 2～3滴)

作り方

1 冷凍パートフィロは冷蔵庫で解凍する。焼型に合わせてカットする。

2 ナッツは軽くローストして刻んでおく。砂糖とシナモンパウダーを混ぜる。

3 シロップは砂糖と水を合わせて2/3くらいまで煮詰めて火を止め、レモン汁とローズウォーターを入れる。

4 焼き型にオーブンシートを敷いてパートフィロを2～3枚のせて柔らかくしたバターを塗りナッツをちらす。

5 これを数回くり返し、パートフィロのカットした裁ち端も中にはさみこむ。

6 菱形もしくは長方形にナイフで切れ目を入れる。

7 170℃のオーブンで30分間焼く。色付きが足りなければさらに10分間焼く。取り出してまだ熱いうちにシロップをかける。

〈冷凍パイシートを使った場合〉

材料（25cm×25cmの焼型）

〈生地〉
- 冷凍パイシート ……… 21cm角2枚
  ……… または1/2サイズのもの4枚
- ナッツ ……………………… 400g
- 砂糖 ……………………… 大さじ2
- シナモンパウダー ………… 大さじ1
- 無塩バター ………………… 50g

〈シロップ〉
- 水 …………………… 1と1/2カップ
- 砂糖 ………………… 1と1/2カップ
- レモン汁 …………………… 大さじ2
- ローズウォーター ………… 大さじ1
- （またはバニラエッセンス ……… 2～3滴）

作り方

1. 焼型にオーブンシートを敷いてから冷凍パイシートを1枚のせる。軽くローストして刻んだナッツ類に砂糖とシナモンパウダーを混ぜたものをのせて上から軽く押さえてなじませる。
2. 溶かしバターを上からちらし、その上にまたパイシートをのせる。
3. ナイフで底まで斜めに菱形になるようにしっかりと切り込みを入れる。170℃で30分間焼く。焼き色が足りなければもう少し焼く。
4. シロップは同様に作り、パイが熱いうちに全体にかける。

トルコ料理
Turkey

トルコ料理は中国料理、フランス料理と並ぶ世界3大料理の一つです。味付けもシンプルで思ったほどスパイスは使いません。野菜とヨーグルトを沢山使う身体に優しい料理です。ここではパーティー用に作り置き出来る前菜をご紹介します。

チェルケズタヴー（鶏肉のペースト）

チェルケとはコーカサス地方のことですが、トルコでも一般的な前菜です。作るのも簡単でとても美味しく珍しい一品なので、パーティーで大変喜ばれます。クラッカーやフランスパンの薄切りを添えてください。

材料（4人分）

鶏胸肉	（約250g）1枚
クルミ	1カップ
バゲット	1cm×3枚
パプリカパウダー	小さじ1
にんにく	1片
チキンストック	適量
塩	小さじ1
こしょう	少々

作り方

1. 鶏胸肉は鍋に水3カップ、塩を小さじ1入れ、中火で約20分間ゆでて、そのまま浸けておく。生にんにくが苦手な方は茹でる時に入れる。
2. 冷めてから手で粗く裂いておく。クルミは軽くローストしておく。フードプロセッサーに全ての材料を入れて、少しづつ茹で汁を加えていく。
3. マヨネーズぐらいの柔らかさになったら分量外の塩とこしょうで味を調える。

エズメ（トルコ風ピリ辛ディップ）

皆さん意外に思われますが、トルコ料理には辛いものはあまり多くありません。その中でエズメは赤くて辛い前菜として、ヨーグルトを多用するトルコ料理にアクセントを付けてくれます。

材料（4人分）

トマト	2こ
ピーマン	1こ
きゅうり	1/2本
青ねぎ	2〜3本
ミントの葉	10枚
トマトペースト	大さじ3
パプリカパウダー	小さじ1
EXVオリーブオイル	大さじ1
白ワインビネガー	大さじ2
サンバルなどのチリソース	大さじ2
（もしくはレッドチリパウダー	小さじ1/2）
にんにく	2片
レモン汁	1こ分
塩	少々
こしょう	少々

作り方

1. トマトは粗く切ってからざる等で水気を切っておく。
2. すべての材料をフードプロセッサーにかけて粗く切る。塩とこしょうで味を調える。

ヨーグルトの前菜

トルコでは脱水したヨーグルトをよく使います。市販の無糖ヨーグルトをコーヒーのフィルターやキッチンペーパーを使って脱水します。冷蔵庫で一晩脱水すると1/2〜2/3の量になります。そこへお好みの野菜やピクルスなどを入れます。

材料（4人分）

無糖ヨーグルト …… 1パック (400〜450g)	
ズッキーニ	2本
ニンジン	1本
EXVオリーブオイル	大さじ1
にんにく	2片
塩	適量
こしょう	少々

作り方

1. 無糖ヨーグルトを脱水しておく。ズッキーニはマッチの倍ほどの太さに切る。ニンジンも同様にする。
2. オリーブオイルとみじん切りにしたにんにくをフライパンに熱し、ズッキーニとニンジンをを加えてしんなりするまで炒める。
3. 冷めた炒め野菜と脱水ヨーグルトを混ぜ、塩とこしょうで味を調える。

エジプト料理
Egypt

エジプト料理は主に塩とこしょうだけのとてもシンプルな味付けです。暑い国らしく野菜と酢をたっぷり摂り、夏バテ防止にします。暑い日本の夏にもぜひ取り入れたいものです。

ナスとパプリカのサラダ

ここで使うお酢は米酢のような優しいものより、穀物酢のように酸味の強いお酢が向いています。作りたても美味しいですが、翌日くったりとお酢が馴染んだナスが食欲を増進させます。

材料（4人分）

ナス	6本
緑・赤・黄のパプリカ	各1こ
ニンニク生姜（P.15参照）	大さじ3
穀物酢	120ml
オリーブオイル	適量
塩	適量
こしょう	少々

作り方

1 ナスは厚さ1cmに縦に切って、塩を多めに振って約10分間おく。

2 流水で塩気をしっかり流し、よく水気を拭いておく。

3 フライパンにたっぷりのオリーブオイルを引いてナスに焼き色が付くまで焼く。

4 焼き上がったら皿に並べる。フライパンを拭いて少しオイルを足し、ニンニク生姜を入れてから火を点ける。

5 炒めて香りが立ってきたら薄切りにしたパプリカを入れてしばらく炒め、酢とこしょうを入れる。

6 すぐに火を止めて並べたナスの上からかける。

ハワウシ（エジプシャンピザ）

エジプトでは昔からよく食べられていた屋台のファストフードでしたが、今ではハンバーガーに取って代わられてずいぶん屋台は減ってしまったそうです。でも食べてみたらハンバーガーよりもはるかに美味しく、サラダを付けたら立派なランチになります。

材料（3枚分）

〈生地〉
薄力粉	100g
強力粉	150g
ぬるま湯	180ml
ドライイースト	小さじ1（約3.5g）
砂糖	大さじ1/2
塩	小さじ1/2
打ち粉（強力粉）	適量

〈具〉
牛ひき肉	250g
玉ねぎ	1/2こ
塩	小さじ1/2
粗びき黒こしょう	少々

作り方

1. ボウルに薄力粉、強力粉、塩、砂糖、塩と離してドライイーストを入れ、ぬるま湯を注いで混ぜ合わせてからよくこねる。薄く油を塗ったラップをかけて30〜40分間休ませる。
2. 生地が約2倍になったら3対2に分けそれぞれをまた3つに分ける。
3. 固く絞ったぬれ布巾をかけ15分間休める。大きめは約25cm、小さめは20cm程度に打ち粉をふって伸ばす（写真①）。
4. 牛ひき肉、玉ねぎのみじん切り、塩、こしょうをよく練り合わせたものを大きく伸ばした方の生地の上に薄く広げる（写真②）。
5. 小さく伸ばした方の生地を上からかぶせる（写真③）。閉じ合わせて端を上にひねり上げる（写真④⑤）。
6. 油を引いてから拭き取ったフライパンで弱火でゆっくり両面がきつね色になるまで焼く（写真⑥）。

インド料理

私の住んでいる神戸は東京に次いでインド人が多く住んでいます。私にもインド人の友人が大勢いてランチやお茶に呼んで下さることもあります。その家庭料理はイメージと違って辛過ぎず優しい美味しさです。インドスパイスは辛いと思っていらっしゃる方も多いかもしれませんが、それはレッドチリパウダーの量によるもので、他のスパイスは決して辛くはありません。

I 中近東とインドの家庭料理

India

サモサ(ミントソース付き)

サモサは皮から作るととても美味しく出来ます。簡単に作りたい時は春巻きの皮を縦半分に切って三角に折って袋状にして具を包んで下さい。スパイスが揃わない時は市販のカレーパウダーを使ってもよいでしょう。皮の全粒粉とクミンシードは香ばしく揚がるので使います。

材料(16こ分)
〈皮〉
- 薄力粉 ……………………… 200g
- 全粒粉 ……………………… 50g
- 水 ………………………… 70ml
- クミンシード …………… 小さじ1
- 塩 ………………………… 小さじ1/2
- 植物油 …………………… 大さじ4

作り方

1. ふるった薄力粉と全粒粉をボウルに入れ、塩、クミンシード、植物油を回し入れ、フォークでかき混ぜながら水を入れる。
2. まとまったら手でなめらかになるまでこねる。
3. 切り分けやすいように棒状にのばしてラップに包み常温で1時間休める。
4. 8つに切り分けて丸くのばす。半分に切り、切り口に水をつけて合わせる(写真①)。
5. 円錐形の袋状になったところに具を詰める(写真②)。

①

②

Ⅰ 中近東とインドの家庭料理　37

③

④

⑤

6 口のところに水をつけてしっかり閉じる(写真③④)。
7 油できつね色に揚げる(写真⑤)。

材料(16こ分)
〈具〉
じゃが芋	2こ
グリンピース	1/2カップ
玉ねぎ	1/2こ
ニンジン	1/2本
ニンニク生姜(P.15参照)	大さじ1
塩	小さじ1
ガラムマサラ	小さじ1
レッドチリ	小さじ1/2
クミンシードパウダー	小さじ1
コリアンダーパウダー	小さじ1
ターメリック	小さじ1
植物油	大さじ1

作り方
1 フライパンに植物油を熱して、ニンニク生姜とクミンシードを炒める。香りが出たら、みじん切りにした玉ねぎを加え軽く色付くまで炒める。
2 茹でて1cm角に切ったじゃが芋、ニンジン、グリンピースを入れて炒め合わせる。
3 残りのスパイスと塩を入れて冷ましておく。

サモサに付けるミントソース

ミントの葉とコリアンダーの葉(香菜)が爽やかに揚げ物を引き立ててくれます。あれば生の青唐辛子を使ってピリッと辛く緑色の鮮やかなソースにして、赤いケチャップやチリソースと共にサモサに添えるととてもきれいです。冷蔵庫で2〜3日間は保存できます。

材料
玉ねぎ	1/4こ
ピーマン	1こ
青唐辛子	1こ
(なければレッドチリパウダー	小1/2)
コリアンダーリーフ(香菜)	1束
ミントの葉	1束
塩	小さじ1/2
レモン汁	1こ分

作り方
1 すべての材料をフードプロセッサーかミキサーにかける。

ライタ（ヨーグルトのサラダ）

ヨーグルトの中に好みの野菜を刻んで入れるだけですが、辛いカレーに添えるとさわやかでお口直しに美味しいサラダです。スパイスは好みで量を加減してください。

材料（4人分）

無糖ヨーグルト	1パック（400〜450g）
トマト	1こ
きゅうり	1本
クルミ	10こ
塩	小さじ1/2
砂糖	小さじ1/2
レッドチリ	小さじ1/4
クミンパウダー	小さじ1/4

作り方

1. クルミは軽くローストして粗く刻んでおく。トマト、きゅうりは1センチの角切りにしておく。飾り用に少し取り分けておく。
2. ヨーグルトにクルミ、トマト、きゅうり、塩、砂糖、レッドチリ、クミンパウダーを混ぜて約30分間冷やしておく。
3. ガラス器に入れて上からクルミと野菜を飾る。

ほうれん草とパニール（自家製カッテージチーズ）のカレー

インドではとても一般的なカレーです。自家製のカッテージチーズは簡単に出来て、ほうれん草のグリーンに赤唐辛子の赤が目にも鮮やかでチーズの白さを引き立てます。

材料（4人分）

ほうれん草	3束
牛乳	1000ml
酢	大さじ1と1/2
赤唐辛子	2本
ニンニク生姜	大さじ2
クミンシード	小さじ1
クミンパウダー	小さじ1
コリアンダーパウダー	小さじ1
塩	小さじ1
植物油	大さじ2

作り方

1. パニールは牛乳を沸とうさせ、酢を入れてよくかき混ぜ、火を止める。
2. 蓋をして少し休ませる（写真①）。
3. 布巾で漉してから包む（写真②③）。上から重石をして固める（写真④⑤）。
4. ほうれん草は茹でて半分はフードプロセッサーにかけるかみじん切りにする。残りは2cmくらいに切る。
5. 油でクミンシードとニンニク生姜を炒める（写真⑥）。種をぬいた赤唐辛子を加えて少し炒める。
6. ほうれん草とさいの目に切ったパニール、クミンパウダー、コリアンダーパウダーと塩を入れて少し煮込む。

コフタカレー

コフタとはお団子という意味。ここでは鶏ひき肉に玉ねぎ、ピーマン、生コリアンダーの葉が入ります。煮くずれしないようにしっかり練り合わせて下さい。火が入るまで触らないようにすると、いくらかき混ぜても肉団子は壊れません。基本的に水は入れませんが、煮詰まってきたら加えてもよいでしょう。クミンなどの香辛料はカレー粉で代用できます。

材料（4人分）
〈コフタ〉
鶏ひき肉	600g
玉ねぎ	1/2こ
ピーマン	1こ
コリアンダーリーフ(香菜)	1束
ガラムマサラ	小さじ1
塩	小さじ1/2

〈ソース〉
玉ねぎ	2こ
トマト	2こ
ニンニク生姜	大さじ3
無糖ヨーグルト	1カップ
アーモンド	10〜15粒
ガラムマサラ、クミン、ターメリック、コリアンダー	各小さじ1
レッドチリ	小さじ1/2
塩	小さじ1と1/2
植物油	大さじ1

作り方

1. 出来るだけ小さくみじん切りにした玉ねぎ、ピーマン、生コリアンダーの葉を鶏ひき肉に混ぜ、ガラムマサラと塩を入れてよく練り合わせてから手に分外量の油を塗って直径3cmくらいのお団子を作っておく。
2. ソースはみじん切りにした玉ねぎ、ニンニク生姜を植物油で炒め、きつね色になってきたら粗みじんに切ったトマトを加える(写真①)。
3. その上に肉団子を並べ、蓋をして15〜20分間煮込む(写真②)。
4. 無糖ヨーグルトとアーモンドをフードプロセッサーにかけたものを加える(写真③)。
5. 塩とスパイスを加えてからさらに15分間煮込む(写真④)。もし水気が足りないようであれば水を少し足す。
6. 皿に盛り上からコリアンダーの葉をちらす。

Ⅰ 中近東とインドの家庭料理

ターメリックライス

ターメリックは日本でも昔からうこんとして、タクアンの色付けや、着物を包む風呂敷の防腐や防虫効果のために使ってきました。また最近ではお酒を飲む時のドリンク剤として流行っています。ターメリックライスはどんなカレーとも相性の良いご飯です。

材料(4人分)

米	2カップ
ターメリックパウダー	小さじ1/2
塩	少々
バター	大さじ1
レーズンまたはカラント(すぐりの実)	大さじ2

作り方

1. 炊飯器に目盛り通りもしくはやや控えめに水を入れて米をセットしておく。
2. ターメリックパウダー、塩、バターを加えて炊く。
3. 皿に盛り付けて、上からレーズンやカラントを散らす。

タンドリーチキン

日本でもおなじみのスパイシーな骨付き鶏もも肉のオーブン焼きです。骨なしのもも肉や胸肉、手羽元や手羽先でもより簡単に出来ます。調味料に漬け込んで焼くと、味が染み込んでしっとりと柔らかくなります。インド人はよく食紅を入れますが、少し抵抗があるのでパプリカパウダーとケチャップを入れてほんのり赤くします。スパイスが揃わない時はカレー粉で代用します。

材料(4人分)

骨付き鶏もも肉	4本
ヨーグルト	1/2カップ
ニンニク生姜	大さじ3
レモン汁	1こ分
ケチャップ	大さじ2
パプリカパウダー	大さじ1
ガラムマサラ	小さじ1
クミンパウダー	小さじ1
ターメリック	小さじ1
レッドチリパウダー	小さじ1/2
塩	大さじ1
植物油	大さじ1

作り方

1. すべての調味料を厚手のビニール袋に入れて混ぜ合わせる。
2. その中へ鶏肉を入れて1時間以上、出来れば一晩冷蔵庫で休める。
3. 鶏肉に付いた調味液を軽く拭き取り、180℃で余熱したオーブンで約40分間焼く。

サイミタイ（アーモンド・ボール）

これはヒンドゥー教の典型的なお供え菓子です。サイ（神）のミタイ（甘い物）という意味で、お供えにはこのお菓子がよく入っています。アーモンドパウダーを使うと簡単に出来ますが、皮付きアーモンドを一晩水に浸けてむいてからフードプロセッサーで挽くと美味しさが違います（写真①）。好みで少量の食紅を使ってもよいでしょう。

材料（約15こ）

アーモンドパウダー	250g
加糖練乳	200g
無塩バター	大さじ1
好みでカルダモン	少々
ココナッツフレーク	1/2カップ

作り方

1. テフロン加工のフライパンにアーモンドパウダーと練乳を入れて、焦げないように弱火で約15分間加熱していく。
2. ねっとりしてきたら無塩バターとカルダモンを入れて約5分間練る（写真②）。油を薄く塗った皿かバットに広げ、熱いうちに直径約3cmのボール状に丸めて、ココナッツフレークをまぶし付ける。

II
アジアの家庭料理

中国料理
China

中国料理は私たちにとって最もなじみ深い外国料理ではないでしょうか？
中国発祥のラーメンや餃子はすでに国民食となっています。広い中国大陸には北京、上海、広東、四川、福建などの地域によってその気候風土に合った食材や調理法が生まれました。

拌四絲（パンスース）

北京料理の前菜ですが、宮廷料理の流れをくむ料理らしく華があって洗練されています。タレを合わせる前まで作っておけば、事前の用意が出来て便利です。練りからしは好みで加減をして下さい。

材料（4人分）

〈具〉
- 鶏ササミ……………………………2本
- ロースハム……………薄切り3枚
- きゅうり……………………………2本
- 卵……………………………………2こ
- エビ…………………………………8尾
- 塩…………………………………適量

〈タレ〉
- 酢………………………………大さじ2
- しょう油……………………大さじ1と1/2
- 砂糖……………………………大さじ1/2
- 練りからし……………………大さじ1
- ゴマ油…………………………大さじ1
- 水………………………………大さじ1

作り方

1. エビは背中の中ほどにつまようじを刺して背ワタを取る。分量外の塩小さじ1で軽くもみ、ゆでてから皮をむきタテ半分に切る。
2. きゅうりは千切りにし薄く塩をしておく。ササミは弱火で約20分間ゆでて、冷めてからさいておく。ロースハムは千切りにする。
3. 卵は少量の塩を入れて焼き、錦糸卵にする。
4. 酢、しょう油、砂糖、練りからし、ゴマ油、水でタレを作る。
5. 具材とタレを合わせて混ぜる。好みでゴマや青ねぎをちらしてもよい。

大根とクラゲのねぎ油ソース

上海料理の前菜です。クラゲのコリコリとした食感とねぎ油の旨みたっぷりのソースが大根にしみてとても美味しい一品です。ねぎ油は青ねぎを色付くまでじっくりと炒めるのがコツです。ねぎが焦げやすいので気を付けて下さい。太白ゴマ油とは焙煎せず生のまま絞ったゴマ油で、色も香リも強くないので使いやすい油です。通常のゴマ油を加熱し続けると、エグ味や焦げ臭さが出ることもあります。

材料（4人分）

大根	10cm
塩クラゲ	200g
青ねぎ	1束
砂糖	小さじ1
塩	小さじ1
こしょう	少々
太白ゴマ油またはサラダ油	大さじ2

作り方

1. 大根は長さ5cmに切って皮をむき、マッチの軸の倍ほどの太さに切り、塩をふって10分間おく。
2. 塩クラゲは水洗いし、2〜3回水を取り替えながら約1時間かけて塩抜きをする。約80〜90℃の湯につけ、少し丸くなったらすぐに引き上げて水につける。塩の抜け加減を確認してから水気を絞って3cmに切る。
3. フライパンに太白ゴマ油を入れて火をつけ、細かく切ったねぎを入れて焦げ過ぎないように色付くまでゆっくり炒める。
4. 大根の水気を絞って、クラゲ、ねぎ油と共に砂糖、こしょうを加えて和える。

酸辣湯（スワンラータン）

文字通り酸っぱくて辛い四川料理のスープです。暑くて食欲のない時も寒くて冷える時にも美味しいスープなので私は一年中作っています。金針菜はユリ科のつぼみで最近では生を見かけるようになりましたが、中華食材店で乾燥したものが売られています。こしょうとラー油で辛味をつけますが、好みで加減をして下さい。

材料（4人分）

金針菜	30g
木クラゲ	5枚
木綿豆腐	1丁
豚肉	150g
筍	小1/2本
しょう油	大さじ4
コンソメ顆粒	小さじ2
米酢	大さじ3
黒酢	大さじ1
こしょう	小さじ1
ラー油	大さじ1
卵	1こ
青ねぎ	2～3本
片栗粉	大さじ1

作り方

1. 木クラゲは水に浸け、金針菜が乾燥ならば水に浸け、端の固いところをはさみで切っておく。
2. 水4カップを鍋に入れ、沸騰したら細切りにした豚肉、木クラゲ、筍、戻した金針菜を加える。
3. アクが浮いてきたらすくい取る。細かく切った豆腐を入れる。
4. しょう油、コンソメ顆粒、米酢、黒酢、こしょうを入れて味を確認してから水溶き片栗粉でとろみをつける。生の金針菜はここで入れる。
5. 溶き卵を流して、ラー油を入れる。青ねぎをちらす。

カキのお好み焼

煎生蠔といって広東風カキのお好み焼です。カキが美味しくなる10月から4月くらいまで、必ず何度も我が家の食卓にのぼります。水を入れないで材料を合わせますが、少し休ませることによって、カキから旨みのエキスがしみ出して生地がゆるくなってきます。鶏油が生地の美味しさのポイントなりますが、時間のない方は鶏皮を小さく刻み、水を大さじ3入れて脂を出しやすくして加熱した簡単鶏油をおすすめします。

材料（4人分）

カキ	300g
片栗粉	大さじ4
卵	2こ
青ねぎ	1/2束
ニラ	1/2束
ニンニク生姜（P.15参照）	大さじ2
鶏油	大さじ2（鶏皮5枚）
塩	小さじ2/3
こしょう	少々
ゴマ油	適量

作り方

1. 鶏皮をフライパンに入れ、ゆっくり30〜40分間かけて加熱する。
2. カキは分量外の塩と片栗粉で軽くもんでから優しく洗っておく。キッチンペーパーで水気を取り、2〜3切れに切る。
3. 青ねぎは小さく、ニラは2cmくらいに切る。
4. すべての材料を合わせてから30分間休める。
5. フライパンにゴマ油をひいて小さめに焼く。焼き上がりにゴマ油を回しかけて香ばしく焼く。
6. タレは酢・しょう油・ゴマ油・ラー油を合わせる。

鶏むね肉のしょうがソース

中華料理ですがコールド・ジンジャー・チキンと呼ばれ、アメリカ人のパーティーによく登場します。調理が簡単でしかも作り置きが出来て、とても美味しいので人気の鶏肉料理です。鶏むね肉の大きさで調理時間が変わりますので加減をして下さい。必ず室温に戻してからゆでて下さい、中心に火が通らない原因になります。沸騰した湯の中に水を入れてから鶏肉を入れるのは、急に加熱すると肉が固くなるからです。しょうがのソースはすりこぎ等で割ったきゅうりや冷奴、白身魚の刺身にも合います。

材料(4人分)

鶏むね肉	2枚(約500g)
おろししょうが	大さじ3
きざみにんにく	小さじ1
青ねぎ	1/2本
太白ゴマ油またはサラダ油	大さじ3
塩	小さじ1/2+大さじ1/2
砂糖	小さじ1/3
こしょう	少々

作り方

1. 水3カップ、分量外のしょうがとねぎ、塩小さじ1/2を鍋に入れて沸かし、沸騰したら水1カップを加えて温度を下げてから鶏むね肉を入れる。
2. 再び沸騰したら中弱火にして3分間、鶏肉を返してさらに3分間ゆでる。
3. 火を止めてふたをして20分間おく。
4. 青ねぎはごく小さくきざむ。おろししょうが、きざみにんにく、太白ゴマ油、塩大さじ1/2、砂糖、こしょうを混ぜ合わせてソースを作って、冷蔵庫で1時間休める。一晩おくと塩味がよりまろやかになる。
5. 鶏肉はゆで上がったら必ず肉の中心に火が通っているか確認し、スライスして上からソースをかける。

春雨土鍋煮込み

上海の料理店で食べた春雨の土鍋煮込みがとても美味しかったので再現してみました。いつも冷蔵庫にあるような材料で作れますが、豪華な一品になります。日本酒を紹興酒に替えたり、クセはありますが五香粉（八角、陳皮、花椒、丁字、フェンネルなど）を少し加えると、より本格的な風味になります。

材料（4人分）

春雨	50g
豚肉	100g
筍	小1/2
干しいたけ	2枚
カラーパプリカ	適宜
青ねぎ	2〜3本
しょう油	大さじ2
オイスターソース	大さじ2
砂糖	大さじ2
日本酒	大さじ2
コンソメ顆粒	小さじ2 (5.3g)
ニンニク生姜	大さじ1
ゴマ油	大さじ1
こしょう	少々
片栗粉	大さじ1/2

作り方

1. 豚肉は細切りにしておく。筍と干しいたけは粗みじんに切る。春雨はぬるま湯で戻しておく。
2. フライパンにゴマ油、ニンニク生姜を入れてから炒める。
3. 香りが立ってきたら豚肉を入れて炒め、筍、しいたけを加えて炒める。
4. 水2カップにしょう油、オイスターソース、砂糖、日本酒、コンソメ顆粒、こしょうを混ぜ合わせてフライパンに入れる。
5. 土鍋に移し春雨を入れて煮込む。
6. 水溶きの片栗粉を入れてとろみをつけ、青ねぎやパプリカなどをちらす。

韓国料理

Korea

　ここ神戸には大勢の韓国人が住んでいます。友人も数多くいて、家庭料理を沢山教えて頂きました。忘れられない味は韓国人留学生のお母さまの作った、トトリムクというドングリで作った豆腐のようなものです。とろとろと柔らかい食感に甘辛いヤンニョンジャンがからまってとても美味しいものでした。また初めて食べた春雨の和え物、チャプチエは友人のお母さまが作った、牛肉、三つ葉と韓国春雨だけのものでした。いずれもとてもシンプルで滋味豊かです。焼肉のイメージが強い韓国料理ですが、素朴な家庭料理にこそ韓国料理の良さがあると思います。

トッポキ

トッポキは屋台のコチュジャン入りの赤くて甘辛いお餅のスナックの印象がありますが、宮廷料理が発祥でまだ唐辛子が伝わっていない時には辛くないトッポキを食べていたようです。今ではスーパーで買うことも出来るようになりました。コチュジャンを入れて辛くしても、入れずに優しい味にしても、いずれもとても美味しいのでお試し下さい。

材料（4人分）

トッポキ	200g
豚ばら肉	200g
玉ねぎ	1/2こ
生しいたけ	3枚
パプリカ赤・黄・緑	各1こ
ニンニク生姜（P.15参照）	大さじ1
ゴマ油	大さじ1
塩	少々
こしょう	少々
〈タレ〉	
しょう油	大さじ2
砂糖	大さじ2
酒	大さじ1
ゴマ油	小さじ1
コチュジャン	大さじ2
炒リゴマ	小さじ2

作り方

1. トッポキはかぶるくらいのぬるま湯につけてほぐしておく。
2. 玉ねぎ、しいたけ、パプリカは一口大に切っておく。豚肉は3cm幅に切って軽く塩こしょうをしておく。タレを混ぜ合わせておく。
3. 鍋にゴマ油とニンニク生姜を入れて香リが立つまで炒める。豚肉、トッポキ、野菜の順に炒める。
4. 最後にタレをからませて、トッポキが柔らかくなるまで炒める。水気が必要ならば、トッポキを浸けたぬるま湯を少し入れる。

パジョン

チヂミは日本ではすでに人気のある一品ですが、パジョンも同様にお好み焼のようなものです。具材は肉類、魚介類、野菜などお好みのものを入れ、生地は小麦粉に上新粉、片栗粉、もち米粉、じゃが芋のすりおろし等を混ぜると表面はぱりっと、中はもちっとした食感です。冷蔵庫に残ったもので出来るのでとても便利です。

材料(2枚分)

青ねぎ	1束
カキ	10粒
エビ	10尾
イカ	1ぱい
薄力粉	1と1/2カップ
もち米粉または白玉粉	大さじ2
卵	2こ
水	1カップ
塩	小さじ1
植物油・ゴマ油	適量

〈タレ〉

しょう油	大さじ2
酢	大さじ1
ゴマ油	小さじ1
すりゴマ	大さじ1
粉唐辛子	少々

作り方

1. 青ねぎはフライパンの大きさに合わせ約15cmに切る。
2. カキは洗って2～3等分に切り、エビは皮をむいて背ワタを取る。イカは皮をむき、食べやすい大きさに切る。分量外の薄力粉大さじ1を全体にふっておく。
3. 薄力粉、もち米粉、水を合わせてゆるめに溶く。塩、卵を合わせる。
4. 植物油大さじ1をフライパンに入れて薄く生地を流す。
5. 青ねぎを並べる。その上に具をのせる。上から生地を流す。
6. 生地が焼けて動くようになったら返す。フライ返しで軽く押し付ける。生地の周りに大さじ1のゴマ油を回しかけて揚げ焼きする。

詰め物のチヂミ

ナス、ピーマン、ズッキーニ、しいたけ、玉ねぎなどの野菜やエビにひき肉の種を詰め、衣をつけて焼いたものです。冷蔵庫の残り野菜にひき肉があれば簡単に出来ます。肉の旨味が野菜にしみ込んで、お酒のつまみにもおかずにも美味しいのでよく作る一品です。パジョンのタレで召し上がって下さい。

材料(4人分)

ナス	2本
ピーマン	2こ
エビ	8尾
玉ねぎ	1/4こ
豚ひき肉	200g
卵黄	1こ
ニンニク生姜	大さじ1
塩	少々
こしょう	少々
卵	2こ
ニラ	5〜6本
ニンジン	1/4本
薄力粉	適量

作り方

1. ナスは5mmに切り塩を薄くふり、水気を拭き取っておく。ピーマンは1cmの幅で切る。玉ねぎは小さめのみじん切にする。
2. エビは皮をむき背ワタを取り、腹側から切って開いておく。
3. それぞれに薄力粉を軽くふっておく。
4. 豚ひき肉に卵黄、ニンニク生姜、塩・こしょう、玉ねぎのみじん切りをよく練り合わせる。
5. ナスは種をはさみ、ピーマン、エビは中に詰める。
6. それぞれに薄力粉をふり軽くはたいてから、ニラ、ニンジンのみじん切りを混ぜた溶き卵に浸け、油をひいたフライパンで焼く。

サンジョッ

サンジョッは串刺しのチヂミのことです。具材は肉、魚介、野菜を使いますがその組み合わせは多彩です。私はねぎ、エリンギ、パプリカ、しいたけが好きですが、お好みのものをお使い下さい。串刺しで豪華に見えますのでパーティー料理としてもふさわしいでしょう。パジョンのタレで召し上がって下さい。

材料(4人分)

青ねぎ	1/2束
カニカマ	8本
牛肉	200g
しょう油	大さじ2
日本酒	大さじ1
砂糖	小さじ1
ゴマ油	小さじ1
こしょう	少々
卵	2こ
薄力粉	適量
ゴマ油とサラダ油を同量合わせたもの	適量
竹串またはつま楊枝	

作り方

1. カニカマの長さに合わせて青ねぎを切る。カニカマは縦半分に切る。牛肉は1cm角の棒状に長さを合わせて切る。
2. 牛肉にしょう油、日本酒、砂糖、ゴマ油、こしょうで下味を付ける。
3. 竹串に牛肉、青ねぎ、カニカマの順に刺す。
4. 薄力粉を付けて軽くはたいてから溶いた卵に浸ける。
5. 油をひいたフライパンで両面を焼く。

金目鯛の煮つけ

パンチの効いた甘辛さが魚を食べやすくするようで、魚嫌いな方にも食べて頂けます。金目鯛の脂がのった時期によく作りますが、通常は太刀魚で作ります。野菜も大根だけでなく、じゃが芋、玉ねぎ、ズッキーニなど甘辛い煮汁が染み込んでとても美味しくなります。

材料（2人分）

金目鯛	中1尾
大根	1.5cm×4枚

〈煮汁〉

しょう油	大さじ4
砂糖	大さじ1
コチュジャン	小さじ1〜2
酒	大さじ2
ニンニク生姜	大さじ1

作り方

1. 大根は皮をむき1.5cmの厚さに切る。下茹でをしておく。
2. 魚がかぶるくらいの水と煮汁を鍋に入れて煮立て、魚と大根を入れる。
3. 途中何度か煮汁をかける。約10〜15分間煮て下ろす。

スンドゥブ鍋

柔らかい豆腐の鍋料理のことです。材料と水を煮立て、タテギという唐辛子の入った合わせ調味料を入れて煮込むだけですので簡単に出来ます。辛味の効いたスープにあさりの旨味が絶妙なので寒い日にはぴったりの一品です。柔らかいおぼろ豆腐か絹ごし豆腐を切らずにくずしながら入れると、辛いスープが染み込んで美味しくなります。

材料（4人分）

おぼろ豆腐または絹ごし豆腐	1丁
豚ばら肉	200g
あさり	200g
白菜	1/6こ
玉ねぎ	1/2こ
ニラ	1束
長ねぎ	1本
卵	4こ
ニンニク生姜	大さじ2
ゴマ油	大さじ2
塩	小さじ1/2
こしょう	少々

〈タテギ〉

韓国唐辛子	大さじ1
（または一味唐辛子	小さじ1）
コチュジャン	大さじ2
しょう油	大さじ2
砂糖	大さじ1
酒	大さじ2
ゴマ油	大さじ1
青ねぎ	2本

作り方

1. 青ねぎをみじん切りにし、タテギの材料を合わせておく。

2. 豚肉は3cm幅、白菜、ニラは4cm幅、長ねぎは斜めに切る。玉ねぎは薄切りにする。

3. 鍋にゴマ油大さじ1とニンニク生姜を入れ香りが立つまで炒める。

4. 豚肉と塩とこしょうを加えて炒める。水1ℓを入れる。

5. 白菜、玉ねぎを入れて少し煮込み、タテギを少しずつ溶かして好みの辛さにする。

6. あさり、長ねぎ、ニラを加えあさりが開いてきたら豆腐を粗く崩しながら入れる。

7. 豆腐が煮えたら卵を入れ、鍋肌からゴマ油大さじ1を回しかける。

タイ料理
Thai

　タイ料理はエスニック料理の中でも一番なじみのある料理です。味の特徴として甘み、酸味、辛味のバランスが絶妙で、調味料や生のハーブが混ざり合って、とても美味しく食べやすい料理です。
　最近では食材も手に入りやすく、スーパーでそろえることも出来るようになってきました。作り方も簡単なので、ぜひ試して下さい。ヤシ砂糖を使うと独特のコクが出ますが、キビ砂糖や三温糖でも代用できます。

ヤム・ウン・セン

日本で人気の春雨のサラダです。肉や魚介、野菜もたっぷり入れるとサラダというよりおかずやパーティー料理にもなります。一つの鍋でエビと豚スライスをゆでて、ゆで汁の旨味を春雨に吸わせます。友人のタイ人は鶏もも肉と竹輪を入れるのが好きです。お好きな食材で作って下さい。

材料（4人分）

春雨	80g
豚スライス	200g
エビ	8尾
干しエビ	大さじ2
紫玉ねぎ	1/2こ
セロリ	1/2本
ニンジン	1/2本
コリアンダーリーフ（香菜）	1束
赤唐辛子	1本
ヤシ砂糖	大さじ1
レモン汁	大さじ4
ナンプラー	大さじ3
ニンニク生姜（P.15参照）	大さじ1
塩	小さじ1/2
ゴマ油	少々

作り方

1. 春雨はぬるま湯につけ、エビは背ワタを取っておく。
2. 鍋に湯を沸かし、ニンニク生姜と塩を入れる。背ワタを取ったエビをゆでて皮をむく。豚スライスをゆでて引き上げる。ぬるま湯に浸けた春雨をゆでて食べやすい長さに切る。
3. 水に浸けておいた干しエビを刻んでゴマ油で炒める。
4. 紫玉ねぎ、セロリは薄切り、ニンジンは千切りにする。
5. ドレッシングはヤシ砂糖、レモン汁、ナンプラーを混ぜ合わせ、種を取って刻んだ赤唐辛子を加える。全ての材料を合わせてドレッシングで和えて上から香菜をちらす。

ポー・ピィア・クン

エビ春巻きのことです。カリッと揚がった春巻きの中から下味の効いたエビが出て来ます。ビールに合う前菜ですが、辛さを控えるとお子さんにも人気の一品になります。すき間から油が入ると油っぽくなるので、薄力粉と水で作ったのりで防いで下さい。

材料（4人分）

エビ	12尾
春巻きの皮	6枚
ナンプラー	大さじ1/2
砂糖	小さじ1
こしょう	少々
香菜	1/2束
ニンニク生姜	小さじ1
ゴマ油	小さじ1
薄力粉	適量
揚げ油	適量
タイチリソース	適宜

作り方

1. エビは皮をむき、尾の先端を切る。背ワタを取って腹側に薄く斜めに切れめを入れる。
2. ナンプラー、砂糖、こしょう、刻んだ香菜、ニンニク生姜、ゴマ油を合わせてエビを漬け込む。
3. 春巻きの皮を斜めに切り、手前を少し折る（写真①）。
4. 薄力粉に水を混ぜてのりを作って、春巻きの皮の端に塗る（写真②）。
5. 漬け込んだエビを春巻きの皮の真ん中辺りに尾を出してのせる（写真③）。
6. 手前からきつめに巻く（写真④）。
7. 春巻きの皮の三角部分をエビ側に折り、そのまま巻く（写真⑤）。
8. 油できつね色になるまで揚げる。タイチリソースを添える。

トムカーガイ

トムカーガイはココナッツミルクのチキンスープです。トムヤンクンはタイ料理の代表的なスープですが、このスープの方が好きなタイ人は沢山います。ココナッツミルクのまろやかさとヤシ砂糖の甘さ、ピリッとした唐辛子のバランスがタイ料理らしいと思います。レモングラス、バイマックルー、カー（P.89参照）が手に入らない場合はトムヤムペーストを使って下さい。

材料(4人分)

鶏もも肉	200g	チキンストック	チキンコンソメ顆粒小さじ2＋水300ml
玉ねぎ	1/2こ	青唐辛子	2本
しめじ	1パック	ニンニク生姜	大さじ1
レモングラス	2本	ヤシ砂糖	大さじ1
バイマックルー	4枚	植物油	大さじ1
カー	2片	香菜	1束
ナンプラー	大さじ2	塩	少々
レモン汁	大さじ2	こしょう	少々
ココナッツミルク	1缶(400ml)		

作り方

1. 鍋に油を入れ、ニンニク生姜を炒める。一口大に切った鶏肉、薄切りにした玉ねぎを加えて炒める。
2. チキンストック、ココナッツミルク、レモングラス、バイマックルー、カーを入れ少し煮込む。
3. ナンプラー、レモン汁、ヤシ砂糖、種を取った唐辛子の薄切りを入れる。味を見て、塩こしょうで味を調える。しめじを入れて、香菜をちらす。

パッタイ

クイッティオという米の麺の焼ビーフンのことです。英語でライススティックともいいますが、3種類の太さがあります。パッタイではセンレックという中太の麺を使います。日本でも大人気の代表的な麺料理です。タイ料理の特徴としてレストランや屋台でも薄味に仕上げて、テーブルのナンプラー、唐辛子、ライム、ヤシ砂糖で各自好みの味に調整します。タイ人がパッタイにザラメをかけているのを見て驚きました。バリバリとして美味しいと言っていました。

Ⅱ アジアの家庭料理　67

材料(4人分)

センレック	200g
豚スライス	150g
エビ	10尾
もやし	1/2袋
玉ねぎ	1/2こ
青ねぎ	1/2束
干しエビ	大さじ2
ニンニク生姜	大さじ2
ナンプラー	大さじ2
オイスターソース	大さじ1
レモン汁	大さじ2
ヤシ砂糖	大さじ2
卵	2こ
赤唐辛子	1本
ピーナッツ	大さじ4
塩	少々
こしょう	少々
植物油	大さじ3

作り方

1. バットにぬるま湯を入れてセンレックを10〜15分間浸けて戻す。
2. エビは皮をむき背ワタを取って縦半分に切る。豚肉は2cmに切る。
3. 水で戻して刻んだ干しエビ、ニンニク生姜を油で炒め、薄切りにした玉ねぎ、豚肉、エビを順に加えて炒める。軽く塩、こしょうをする。
4. 水気を切ったセンレックをほぐしながら加え、上下を返しながらよく炒める。ナンプラー、オイスターソース、レモン汁、ヤシ砂糖、刻んだ赤唐辛子で味を付ける。
5. センレックを鍋の片側に寄せて、油を入れて軽くほぐした卵を入れてくずしながら混ぜる。青ねぎともやしを加え、味をみて塩、こしょうを足す。
6. 皿に盛って上から軽くローストして刻んだピーナッツをちらす。

マップ・ラオ・プリン

ココナッツプリンのことです。実はこのレシピはタイ料理レストランで働くタイ人から教えてもらいました。とても簡単なのに美味しいので驚いてしまいました。どなたの口にも合うシンプルな味がスパイシーなタイ料理の後にぴったりのデザートです。

材料(4人分)

ココナッツパウダー	1袋(60g)
水	200ml
砂糖	50g
牛乳	200ml
粉ゼラチン	大さじ1と小さじ1/2(8g)

作り方

1. 小さいボウルに分量外の水大さじ3を入れて、ゼラチンを振り入れる。
2. 鍋に水、ココナッツパウダー、砂糖、牛乳を混ぜ合わせて火をつける。泡だて器でよくかき混ぜながら加熱する。
3. 沸騰直前に火を止めて、ふやかしたゼラチンを入れて溶かす。
4. こしてから氷水に当てて、とろみがでるまで冷やす。
5. 器に入れて冷蔵庫で冷やす。

タイ調味料

①ナンプラー
塩漬けの小魚を発酵させて作られた魚醤で、魚の臭いが強く好き嫌いがありますが、旨味も強いのでタイ料理には欠かせません。

②タイチリソース
唐辛子、砂糖、酢、にんにく、塩などで作られ、生春巻だけでなく、揚げ物にからめたり、炒め物に使ってもとても合います。

③トムヤムペースト
トムヤムペーストは赤唐辛子、レモングラス、カー、バイマックルー、発酵させたエビの塩漬けをペースト状にしたものなどを混ぜ合わせています。トムヤンクン以外にもタイ料理に必要なハーブやスパイスが入った便利な調味料です。

④エビペースト
タイではカピ、フィリピンではバゴーン、インドネシアではトラシと呼ばれる小エビを塩漬けして発酵させ、ペースト状にしたもの。独特な香りと旨味を加えます。

ベトナム料理
Vietnam

神戸には大勢のベトナム人が住んでいます。小さなベトナム料理屋さんも沢山あり、好みのお店を見付けるのも楽しみです。フォーに代表される米麺が有名ですが、ブンといわれるビーフンもアレンジが利くのでよく食べられています。ベトナム人の知り合いに教えてもらったお勧めの麺料理は、茹でたブンにシュリンプペースト、たっぷりのレモン汁、砂糖をほんの少し、唐辛子、香菜をちらしただけのものですが、シンプルの極みでとても美味しいものでした。

バインセオ

ベトナム風のお好み焼きです。おやつとしても美味しいですが、ビールにとても合って人気です。生ハーブを添えてレタスに包んでニョクチャムという甘酸っぱいタレにつけて食べます。缶入りココナッツミルクは400ml入っています、余ってしまう場合はココナッツミルクパウダーとぬるま湯で代用しましょう。200mlのお湯に対し1袋(60g)のココナッツパウダーを混ぜ合わせて下さい。

材料（4人分）

〈生地〉
- 米粉 100g
- 薄力粉 30g
- 片栗粉 20g
- 卵 2こ
- ターメリック 小さじ1
- ココナッツミルク 1/2缶(200ml)
- 水 300ml
- 塩 小さじ1/2
- 植物油 適量

〈具〉
- 豚バラ肉 100g
- エビ 12尾
- もやし 1/2袋
- 玉ねぎ 1/2こ
- 青ねぎ 1/2束
- 塩 少々
- こしょう 少々

〈タレ（ニョクチャム）〉
- ニョクマム 大さじ3
- 酢 大さじ2
- 水 大さじ4
- 砂糖 大さじ3
- レモン汁 大さじ3
- 赤唐辛子 1本
- にんにく 1片
- ニンジン 1/4本

〈付け合せ野菜〉
- サニーレタス 1/2こ
- バジルの葉・ミントの葉・大葉 適宜

作り方

1. 生地の材料を合わせて1時間休ませる。
2. にんにくと種をぬいた唐辛子はみじん切りにし、ニンジンは千切りする。ニョクチャムの材料をすべて合わせてよく混ぜる。
3. 豚は2cmに切り、エビは皮をむいて背ワタを取る。玉ねぎは薄切りにする。
4. 油をひいて豚肉、エビ、玉ねぎを炒めて薄く塩とこしょうをし、取り分けておく。
5. フライパンに油をひいて、1/4の生地を薄く流す。
6. 炒めた具材ともやし、青ねぎを生地にのせてふたをして中弱火で約2分間蒸し焼きする。
7. ふたを外して中火にし、生地のまわりに油大さじ1/2をまわしかけ3～4分間焼きめがつくまで焼く。
8. 半分に折って付け合せ野菜と共に皿にのせる。ニョクチャムを添える。

ベトナム調味料

ベトナムにも"ニョクマム"という魚醤があります。これはベトナムうどんのフォーには欠かせません。魚の臭いがナンプラーよりきつく、服に付くとなかなか取れません。

手羽先のニョクマム焼き

おかずにもビールにもぴったりな一品です。鶏手羽先はお求めやすい値段で、鶏皮好きにとって他の部位より表面積が大きいのが魅力です。揚げると美味しいのですが、下味が染み込んでいるので焦げやすく、オーブンで焼くと香ばしく焼き上がります。レモングラスが手に入らない時はレモン汁とすりおろしたレモン皮を1/2こ分で代用して下さい。

材料(4人分)

手羽先	12本
ニョクマム	大さじ1と1/2
ニンニク生姜(P.15参照)	大さじ1
日本酒	大さじ1
ハチミツ	小さじ1
レモングラス	2本
こしょう	少々

作り方

1. 手羽先は手羽元側の筋を切り、裏側から骨に沿って切れめを入れる。
2. ニョクマム、ニンニク生姜、日本酒、ハチミツ、レモングラスの白くて柔らかい芯部分を刻んだもの、こしょうを合わせたものに手羽先を1時間以上漬け込む。手羽先を取り出して、オーブン皿に並べる。
3. 180℃に余熱したオーブンで15〜20分間きつね色になるまで焼く。

野菜と厚揚げの肉詰め

ベトナム南部の家庭料理です。野菜と厚揚げの中身を取り除き、中に詰め物を入れて煮込むと肉と野菜の旨みが染み込んでとても美味しくなります。取り除いた中身も中に詰めたり、煮汁に入れたりと無駄がありません。

材料(4人分)

〈肉詰め〉
厚揚げ	4こ
トマト	4こ
ピーマン	4こ
豚ひき肉	200g
卵黄	2こ
春雨	30g
青ねぎ	大さじ1
砂糖	大さじ1/2
ニョクマム	大さじ1
塩	小さじ1/2
こしょう	少々

〈煮汁〉
ニョクマム	大さじ2
砂糖	大さじ1
コンソメ顆粒	小さじ2
塩	適量
こしょう	少々

作り方

1. 厚揚げは三角形の底辺に切れめを入れ、スプーンを使って中身を少し取り出す。中身は取っておく。
2. トマトはヘタを取り、ペティナイフとスプーンを使って、破れるので気を付けて中身を取り出す。中身は取っておく。

3 ピーマンはヘタを取り、種を取り除く。
4 春雨はぬるま湯で戻し、1cmに切る。
5 厚揚げの中身、豚ひき肉、春雨、刻んだ青ねぎ、卵黄、ニョクマム、砂糖、塩、こしょうを合わせてよく練る。
6 厚揚げ、トマト、ピーマンに詰める。
7 鍋に詰めた口を上にして、かぶるくらいの水、ニョクマム、砂糖、コンソメ顆粒、トマトの中身を入れて中火で約30分間煮込む。味をみて塩とこしょうを足す。

白玉団子とさつま芋のチェー

チェーはベトナムの代表的なデザートです。基本はとろみをつけたココナッツミルクのソースと色々な具材の組み合わせですが、バリエーションは多彩です。緑豆、ゆであずき、タピオカ、コーン、さつま芋、フルーツなどが美味しいです。ベトナムのデザートは基本的に室温で食べますが、好みで冷やしても温めても結構です。好みでバニラエッセンスや水で戻した千切りの出汁昆布を入れてもよいでしょう。

材料(4人分)

さつま芋	1/2本
白玉粉	1/2カップ
水	大さじ5〜6
緑豆	1/2カップ
ココナッツミルク	1/2缶(200ml)
ヤシ砂糖	大さじ3

作り方

1 さつま芋は皮をむき、1cm角に切って7〜8分間ゆでる。
2 緑豆は水に浸けてから約15分間煮て、ざるに上げ水でさっと洗う。
3 白玉粉に水を少しずつ入れて練ってから丸め、ゆでて冷水に取る。
4 鍋に緑豆とかぶるくらいの水を入れ、少し煮てからさつま芋、砂糖、ココナッツミルクを入れ、白玉団子を加える。

シンガポール料理

Singapore

40年前に初めて訪れて以来、大好きな国になったシンガポール。主に中華系、マレー系、インド系の民族で形成され、それぞれの特徴を受け継ぎながらお互いに混じり合って進化した食文化を持ちます。ビジネス街やショッピングセンターにホーカー（屋台）が集まったホーカーズセンターがあります。ここではマレーと中華、インドとマレー、中華とインドなどルーツの違う料理が融合し、ますます美味しくなった庶民料理に出会えます。

ラクサ

ラクサはマレーシア、シンガポール一帯で人気の麺料理です。地域で色々なスタイルのラクサが独自の進化を遂げました。まろやかなココナッツとエビの旨みが効いて、後からチリのピリッとした刺激がクセになるのはシンガポールのカトン地区発祥のカトンラクサです。麺は卵麺と米麺がありますが、ホーカー（屋台）では両方を半分ずつ入れてもらうことも出来ます。

シンガポール人の友人が、あなたはチキンやエビのラクサしか知らないだろうからオリジナルを食べさせてあげようとラクサ発祥の店に連れて行ってくれました。出て来たのは小さなあさりで出汁を取ったシンプルで飾り気のないラクサでした。その味は素朴でありながら上品な味でした。

材料（4人分）

エビ	8尾
鶏もも肉	1枚
厚揚げ	2枚
うずらの卵	8こ
もやし	1袋
チンゲン菜	1束
卵麺	4玉
（もしくは米麺	400g）
トムヤムペースト	大さじ1
干しエビ	大さじ2
ニンニク生姜（P.15参照）	大さじ2
コンソメ顆粒	小さじ3
ココナッツミルク	1缶（400ml）
カレー粉	小さじ2
ラー油	大さじ2
ゴマ油	大さじ1
塩	適量
こしょう	少々

作り方

1 エビは背ワタをとり、ゆでて皮をむき、鶏もも肉は海南チキンライス（P.79参照）を参考にゆで鶏を作る。

2 うずらの卵、もやし、チンゲン菜はゆでる。厚揚げは油抜きをする。

3 鍋にゴマ油、トムヤムペースト、水で戻した干しエビ、ニンニク生姜を入れて、香りが立つまで弱火で炒める。

4 鶏のゆで汁と干しエビの戻し汁に水を足し1ℓにして鍋に入れる。

5 コンソメ顆粒、ココナッツミルク、カレー粉を入れる。味をみて塩とこしょうを足す。

6 麺をゆでて器に入れ、スープを入れてエビ、鶏肉、野菜、厚揚げ、うずらの卵を飾る。好みでラー油を回しかける。

海南チキンライス

チキンライスと聞くとケチャップで炒めたご飯のことだと思いますが、ゆで鶏とゆで汁で炊いたご飯のことです。ゆで鶏はしっとりしてジューシーなのに脂っこくなく、身と皮の間にゼラチン質の旨みが詰まっています。これはゆで上がってすぐに急冷することによって皮に脂の被膜が出来るからです。スープで炊いたご飯は薄味で、しょうがの風味が効いていて食べ飽きません。オリジナルは丸鶏を使い、パンダンリーフやレモングラスを入れて作ります。

材料（4人分）

〈ご飯〉
米	2合
ゆで汁	360ml
千切りしょうが	適量

〈ゆで鶏〉
鶏もも肉	600g（2〜3枚）
塩	小さじ1
こしょう	少々
日本酒	大さじ2
ねぎ	1/2本
しょうが	1片

〈タレ〉
しょう油	大さじ1
塩	小さじ1/2
ゴマ油	小さじ1

〈野菜〉
レタス	1/2こ
きゅうり	1本
トマト	2こ

〈ソース〉
しょう油	大さじ4
おろししょうが（分量外）	大さじ2
ハチミツ	小さじ1

作り方

1. 米を洗ってざるに上げておく。水4カップに塩小さじ1、こしょう、酒、ねぎ、しょうがの半量をスライスして入れ沸騰させる。水1カップを入れてから鶏もも肉を入れる。

2. 一旦沸騰したら弱火にし30分間ゆでる。

3. ゆで終わったら中心に串を刺して透明な肉汁が出たらすぐ取り出す。

4. タレの材料を合わせて鶏肉とフリーザーバッグに入れ氷水に浸ける。

5. 炊飯器に米とゆで汁をセットし、味をみて塩気が足りなければ塩を一つまみ足す。半量のしょうがを千切りにし入れて炊く。

6. 米が炊き上がったらスライスした鶏肉と野菜を皿に盛り合わせる。ソースの材料を合わせて、好みのチリソースと添える。

チリクラブ

中華風のカニの炒め物にマレー風のチリソースがかかって、正にシンガポール料理らしい一品です。スリランカ産のカニは味が淡白すぎて人気がなく、甘酸っぱくて辛いソースをからめたカニ料理を思いついたという話が伝わっています。カニの身よりもソースが美味しいので、揚げパンやガーリックトーストをひたして食べます。

材料(4人分)

ワタリガニ	中2はい
トマト	1こ
玉ねぎ	1/2こ
ニンニク生姜	大さじ2
トマトケチャップ	大さじ3
オイスターソース	大さじ2
しょう油	大さじ1
豆板醤	大さじ1
砂糖	大さじ1
塩	少々
卵	1こ
太白ゴマ油またはサラダ油	大さじ4

作り方

1. カニはよく洗い、食べやすい大きさに切る。トマト、玉ねぎを粗みじんに切る。
2. トマトケチャップ、オイスターソース、しょう油、砂糖、水2カップを混ぜ合わせてソースを作っておく。
3. 鍋に油大さじ2を入れてカニを炒める。色が変わったら取り出す。
4. 鍋に油大さじ2を追加しニンニク生姜と豆板醤を焦がさないように弱火で1分間炒め、玉ねぎとトマトを加えて炒める。
5. カニを戻してソースを入れ2～3分間煮込む。味をみて塩を足す。
6. 軽く溶いた卵を回しかけすぐに火を止める。

フィリピン料理
Philippines

フィリピンでは他のアジア諸国に比べて、あまり唐辛子を多用した辛い料理を好みません。高温多湿のためか柑橘果汁や酢を多用した料理が多く、海洋国ですが魚より肉料理を好みます。私の忘れられない味は干し魚で出汁を取ったスープはとても美味しくて旨味たっぷりでした。スペイン統治や昔から交易のあった中国の影響を色濃く受けていますが、半世紀に渡るアメリカ統治の食の影響がほとんどないところが興味深いところです。

チキンアドボ

フィリピンの肉じゃがのようなものです、とフィリピン人に教えられてから、基本的にあまり野菜の入らないアドボにじゃが芋や玉ねぎ、ニンジンと野菜をたっぷり入れます。骨付き鶏肉を使うことが多いですが、豚肉やレバーを合わせたアドボもあります。

材料（4人分）

骨付き鶏肉（もも肉、手羽元、手羽先）
············· 800g
じゃが芋············· 2こ
玉ねぎ············· 1こ
ニンジン············· 1本
にんにく············· 2片
ローリエ············· 2枚
しょう油············· 1/2カップ
酢············· 1/2カップ
日本酒············· 大さじ2
みりん············· 大さじ1
黒粒こしょう············· 少々
水············· 2カップ

作り方

1 フリーザーバッグに鶏肉、潰したにんにく、ローリエ、しょう油、酢、日本酒、みりんを入れて2〜3時間休める。

2 鍋に鶏肉と漬け汁を入れて水を加えて中火で30分間煮込む。大ぶりに切った野菜を加えて柔らかくなるまで煮る。最後に黒粒こしょうを入れる。

インドネシア料理

Indonesia

インドネシアには無数の島があり、多民族の国です。それぞれの料理も微妙に違うようです。食材も揃えるのは大変ですが似た食材は置き換えて、出来るだけ手に入る材料で作れるようにしました。レモングラス、こぶミカンの葉、ガランガル（P.89参照）、唐辛子は最近大きなスーパーなら見かけるようになったトムヤムペーストで代用出来ます。あぶったトラシ（発酵したシュリンプペースト）は焼き辛子明太子の風味がしますし、タマリンドは梅干で代用出来ます。ケチャップマニスはたまり醤油大さじ1に対しハチミツ小さじ1/2を加えるとよいでしょう。クミリ（キャンドルナッツ）（P.93参照）の代わりに甘くない粒入ピーナッツバター（チャンク）を使います。ヤシ砂糖はキビ砂糖や三温糖で代用してください。

ガドガド

温野菜とテンペなどをピーナッツソースで和えて食べるインドネシア風サラダ。テンペは発酵大豆食品で、健康食品店などで手に入ります。甘くない粒入りピーナッツバター（チャンク）で作る簡単ピーナッツソースも併せて紹介していますが、揚げたピーナッツとにんにくの香ばしさは格別です。野菜は一つの鍋で順番に茹でていくので種類が多くても簡単です。

材料（4人分）

〈温野菜〉
- もやし　　　　　　1/2袋
- ほうれん草　　　　1束
- 厚揚げ　　　　　　2枚
- ニンジン　　　　　1本
- キャベツ　　　　　2〜3枚
- いんげん　　　　　10本
- ゆで卵　　　　　　2こ
- プチトマト　　　　4こ
- テンペ　　　　　　200g

〈ソース〉
- 皮つきピーナッツ　1カップ
- 唐辛子　　　　　　2本
- にんにく　　　　　4片
- ケチャップマニス　大さじ2（たまりしょう油：大さじ2＋ハチミツ：小さじ1）
- 塩　　　　　　　　小さじ1
- ヤシ砂糖　　　　　大さじ2
- レモン汁　　　　　大さじ2

作り方

1. もやし、ほうれん草、いんげん、ニンジン、キャベツ、卵は茹でておく。テンペは短冊切りにして厚揚げはそのまま油で揚げる。皿に彩りよく並べる。
2. 皮付きのままピーナッツを低温の油でじっくり揚げるが、焦げやすいので気を付ける。唐辛子とにんにくもそれぞれ揚げる。多めの油で炒めてもよい。
3. フードプロセッサーかすり鉢にまず唐辛子とにんにくを入れて混ぜ、次にピーナッツを加える。
4. 混ざったら塩、ヤシ砂糖、ケチャップマニスを入れて混ぜながらお湯を少しずつ入れて好みの柔らかさにする。

簡単ピーナッツソース

材料（2人分）

低糖ピーナッツバター（チャンク）……大さじ3	ニンニク生姜（P.15参照）……大さじ1
トムヤムペースト…小さじ1	レモン汁……大さじ1
しょう油……小さじ1	植物油……大さじ1
ヤシ砂糖……小さじ1	水……適宜

作り方

1. ニンニク生姜を油で色付くまで炒める。
2. トムヤムペーストを加えて少し炒め、ピーナッツバター、ヤシ砂糖、レモン汁、しょう油を加える。
3. 弱火で加熱しながら水を少しずつ加えて好みの柔らかさにする。

アヤムゴレン（インドネシア風鶏の唐揚げ）

インドネシア料理の中でも代表的な一皿。ソースで下煮してから揚げるので、火通りの心配もなく米粉でからっと揚がったチキンはとても美味しいものです。鶏を煮込んだソースは色々な料理のコク出しとして、煮物やスープにも使えます。ターメリックとコリアンダーのない方はカレー粉で代用して下さい。あればクミリ（P.93参照、キャンドルナッツ）を使いますが、低糖のピーナッツバター（チャンク）で代用できます。

材料（4人分）

骨付き鶏肉	800g
ニンニク生姜	大さじ2
唐辛子	2本
ターメリック	小さじ1
コリアンダーパウダー	小さじ1
ヤシ砂糖	小さじ1
塩	小さじ1
こしょう	少々
クミリまたはピーナッツバター（チャンク）	大さじ3
レモン汁	1こ分
水	1/2カップ
米粉	適量
揚げ油	適量

作り方

1. 鍋に適当に切った骨付き鶏肉、ニンニク生姜、種を抜いた唐辛子、スパイス類、塩とこしょう、ヤシ砂糖、ピーナッツバター（チャンク）、レモン汁、水1/2カップを入れて約15分間煮込む。
2. 冷めてから米粉に分量外の塩とこしょうを少し混ぜたものをまぶしてから中火で揚げる。

こぶミカンの葉・レモングラス・カランガル

東南アジア全般の料理にはよく使われており、3大生ハーブと言えるでしょう。スープやカレー、サラダなどの風味付けに使います。アジア食材店では3種類をセットにして売られていることもあります。手に入りやすい乾燥したものも売っていますので戻して使うと便利です。

こぶミカンの葉

英語名ではカフィアライム、タイ語ではバイマックルーと言います。グリーンカレーにはこぶミカンの風味を強く感じます。強い柑橘類の香りがあり、爽やかな味がカレーやスープに合います。生の葉を買って冷凍していると、乾燥したものより風味が強く残ります。レモン汁とすりおろした皮で代用します。

レモングラス

レモンの風味が強く全体は固い繊維で覆われているので、料理が出来上がった後に取り出します。外側の皮を3～4枚むいて芯の柔らかい白い部分を刻むと、サラダや和え物などに生で使えます。レモン汁とすりおろした皮で代用します。

ガランガル

ガランガルは英語名で、タイ語ではカーと言います。外見はしょうがに似ていますが風味はもう少し刺激的で、こしょうのようなぴりっとした爽やかな辛味を感じます。汁を服に付けるとシミが取れないことがあります。

サテアヤム

日本でもよく見かけるようになったインドネシア風焼き鶏。マレー風もタイ風もあります。ケチャップマニスがなければ、たまりしょう油とはちみつで、塩レモンは塩、レモン汁、レモン皮のすりおろしで代用してください。またサンバルは手に入り易いタイチリソースを使って下さい。フライパンでも焼けますが、出来ましたら直火焼きの方が美味しいので魚焼きグリルで焼いて下さい。グリル用の陶板やテフロン加工の焼皿もあって、活用しやすくなりました。

材料（4人分）

鶏もも肉	250g
鶏むね肉	250g
ケチャップマニス（たまりしょう油：大さじ4＋ハチミツ：小さじ2）	大さじ4
ニンニク生姜	大さじ2
塩レモン（P.15参照）	2枚
サンバル（P.93参照）	小さじ2
玉ねぎ	1/2こ
クミンパウダー	小さじ1
コリアンダーパウダー	小さじ1
ヤシ砂糖	大さじ1
こしょう	少々

作り方

1. 鶏もも肉は皮付きのまま一口大に切る。鶏むね肉は皮をむき、繊維に直角に細長く切る。
2. 玉ねぎはすりおろしておく。塩レモンは刻む。全ての調味料を合わせて鶏肉に下味を付ける。少なくとも1時間はおく。
3. 竹串は水に浸けて、もしくは持つところをアルミフォイルで包んでから肉をさしていく。
4. 魚焼きグリルかフライパンで焼きめが付くまで焼く。

豚ロースのサテ

バリ島の豚肉は旨味が強いですが、特に串焼きがひときわ美味しいです。タレに漬けこんだ豚肉が焦げる時、香ばしい匂いで食欲がわきます。豚の場合すこし甘辛いタレの方が合うでしょう。

材料（5人分）

豚ロース肉	500g
ケチャップマニス（さしみしょう油：大さじ4＋ハチミツ：小さじ2）	大さじ4
ニンニク生姜	大さじ2
トムヤンクンペースト	小さじ1
エシャロット	5こ
（もしくは紫玉ねぎ	1/2こ）
コリアンダーパウダー	小さじ1
クミンパウダー	小さじ1
ヤシ砂糖	大さじ2
ナンプラー	大さじ1
シュリンプペースト	大さじ1/2
黒粒こしょう	少々

作り方

1. 豚ロースは一口大に切る。エシャロットは潰して、玉ねぎならばすり下ろす。
2. すべての調味料を合わせて、漬けダレにして豚肉を漬ける。30分間以上おいて、水に浸けておいた串に刺して魚焼きグリルかフライパンで焼く。

魚のサテ

魚のサテはあまり日本では作りませんが、とても淡白で鶏肉や豚肉のサテと一緒に頂くとほっとします。魚はなんでもよいのですが、マグロやカツオが合うでしょう。手に入りやすい冷凍魚であってもスパイスで美味しくなります。

材料(4人分)

魚(マグロ)	500g
植物油	大さじ1
塩レモン	1枚
塩レモン漬け汁	小さじ1
低糖ピーナッツバター(チャンク)	大さじ1
トムヤムペースト	小さじ1
ニンニク生姜	大さじ1
ヤシ砂糖	大さじ1

作り方

1. マグロは一口大に角切りし、刻んだ塩レモン、塩レモン漬け汁と植物油、で休めておく。
2. ピーナッツバター、トムヤムペースト、ニンニク生姜、ヤシ砂糖を合わせてマグロに混ぜる。水に浸けておいた串に刺して、魚焼きグリルかフライパンで焼く。

キャンドルナッツ

見かけはヘーゼルナッツに似ていますが実は固く、東南アジア料理全般に使います。主にとろみが付けやコクを出すために、ソースやカレーに入れます。代用としてはカシューナッツ、マカダミヤナッツ、ヘーゼルナッツを使います。

エシャロット

エシャレットはフランス語で、英語名はエシャロットと言います。フランス料理や東南アジア料理全般には欠かせない香味野菜です。風味はにんにくと玉ねぎの両方を併せ持っています。特に瓶詰やビニール袋詰めにされた揚げたエシャロットはサラダの上から散らすと、食感と香ばしい風味が美味しく、世界中で使われています。紫玉ねぎで代用出来ます。

インドネシア調味料

インドネシアの代表的な調味料はケチャップマニスでしょう。ケチャップと言ってもトマトのケチャップとは違ってソースのようなものです。日本の甘口たまりしょう油に似ています。またピリッと辛いケチャップアシンやケチャップイシンなどもあります。インドネシアで一番人気の調味料ブランドで、日本にも輸入されている"ABC"があります。チリソースの"サンバル"は市販されている中で一番美味しいと思います。

生サンバル

魚のサテの上にのせてアクセントを付けたり、食事の合間に辛くて爽やかで美味しい口直しです。生の唐辛子が手に入ったら種を取ってみじん切りにして入れますが、辛い物は手にビニール袋などをして直接触らないようにしましょう。エシャロットは紫玉ねぎで代用して下さい。

材料（4人分）	
エシャロット	10こ
にんにく	2片
しょうが	1片
生唐辛子	1本
生こぶミカンの葉もしくはバジルの葉	適量
ココナッツオイル	大さじ2
塩	少々

作り方

1. エシャロットは薄切りにし、薄く塩をしておく。
2. 生唐辛子は種を取って細切り。にんにくとしょうがはみじん切りにする。こぶミカンの葉はごく細い千切りにする。
3. エシャロット、唐辛子、こぶミカンの葉、にんにく、しょうが、ココナッツオイルをすべて合わせる。

エステレール

インドネシアのフルーツ入りかき氷のこと。中身はジャックフルーツ、ココナッツ、アボカドなどが入っており、練乳もたっぷり入れます。ココナッツミルクとチェリーシロップを使うこともありピンクに染まってきれいです。

材料(4人分)

アボカド	2こ
缶詰のジャックフルーツやランブータン	適宜
トロピカルフルーツ	適宜
ナタデココ	適宜
タピオカ	適宜
加糖練乳	100g
ココナッツパウダー	大さじ4
クラッシュアイス	適量

作り方

1 アボカドは半分に切り、種を取ってスプーンで一口大にくり抜く。フルーツは一口大に切る。タピオカは茹でておく。

2 ぬるま湯大さじ2とココナッツパウダーを練り、練乳を少しずつ加えて練り合わせる。

3 砕いた氷をフルーツ、ナタデココ、タピオカ、アボカドの間に入れて上から練乳をかける。

ゆかの食べ歩き

バリ島── 神々の棲む島で

　私はバリ島に行くと、いつも帰ってきたと感じます。ゆったりと流れる空気や滋味豊かな食材のために、懐かしく思うのかもしれません。早朝からあちらこちらで小さな朝市が立ち、田んぼのあぜ道で作った野菜を売っています。豚肉は旨味が濃く、脂が甘いのが特徴です。子豚の丸焼きはとても美味しくて、行くと必ず食べたくなります。鶏は庭を走り回りかみごたえのあるジューシーな肉質です。他にアヒルや鴨も美味しく、それぞれの食材が本来あるべき姿や味がして流通や売り手の都合で作り変えられてはいません。

　バリ島の人々は、ほとんどがバリ・ヒンドゥー教徒です。とても敬けんで一年を通じて地域や寺の祭りがあり、その度に凝った飾りやお供え菓子を作ります。また毎朝ヤシの葉やバナナの葉で編んだ小さなお皿に摘みたての花を飾り、精霊や神々にお供えします。バリ島に住む友人は、神さまと人間と自然界のバランスが絶妙だといいます。自然界に神が宿りそこにいる人間が日常的に崇め祭る。まさに神々が棲む島なのです。

ナシチャンプル、好きなおかずを取り合わせて

鶏肉のサテ

豚の骨付きバーベキュー

果物の露店市場

トロピカルフルーツ盛り合わせ

山奥のホテル風景

地元の女性から「厄除け」を授けられる著者

III

ヨーロッパとロシアの家庭料理

イタリア料理

最近ではすっかりおなじみになったイタリア料理ですが、以前はなかなか揃わなかった食材も今では簡単に手に入るようになりました。我が家にはオリーブオイル、チューブ入りアンチョビ、ケイパー、トマト缶は欠かしたことがありません。またイタリア半島は日本と似て細長く、四季があって地域ごとの独特な食文化が多彩で魅力的です。シンプルで懐が深いので初心者や大ざっぱに作る人も失敗しにくいのが嬉しいところです。

Ⅲ ヨーロッパとロシアの家庭料理　99

Italy

Ⅲ

クロスティーニ3種

クロスティーニとはクルトンやカナッペ用の小さなトーストという意味です。薄切りにしたバゲットをトーストしてからオリーブオイルを塗って具材をのせます。上にのせるものは鶏レバーペーストが一番有名ですが、チーズや生ハムをのせた簡単なものでも結構です。ここではレバー嫌いも食べられる鶏レバーペースト、オーブンでよく焼いて旨味を凝縮させた焼きトマト、オリーブオイルでくたくたに煮たナスのクロスティーニをご紹介します。

焼きトマトのクロスティーニ

材料(4人分)
- トマト ……… 中3こ
- EXVオリーブオイル ……… 大さじ3
- 塩 ……… 適量
- 粗びき黒こしょう ……… 少々
- バゲット ……… 適量

作り方

1. トマトは7〜8mmの厚さに切り、天板に並べて塩、粗びき黒こしょうをふり、上からEXVオリーブオイルをかける。
2. 余熱した180℃のオーブンで約30分間焼く。
3. バゲットを薄切りにし、軽くトーストして分量外のEXVオリーブオイルを塗って焼きトマトをのせる。

鶏レバーペーストのクロスティーニ

材料（4人分）

鶏レバー	250g
玉ねぎ	大1/2こ
にんにく	1片
アンチョビ	3枚
ケイパー	大さじ2
トマトペースト	大さじ2
生・ドライセージ	少々
赤ワイン	150ml
スープストック	150ml
（水150ml＋コンソメ顆粒小さじ1）	
オリーブオイル	大さじ2
塩	少々
こしょう	少々
バゲット	適量

作り方

1 フライパンにオリーブオイルと刻んだにんにくを入れて炒め、粗みじんに切った玉ねぎを軽く色付くまで炒める。

2 鶏レバーを入れて粗く潰しながら炒め、アンチョビ、ケイパー、トマトペースト、生またはドライセージ、赤ワイン、スープストックを入れて水気がなくなるまで炒める。

3 フードプロセッサーにかけて味をみて塩とこしょうを足す。フードプロセッサーがなければ炒める時に木べらで突きくずす。

4 バゲットを薄切りにし、軽くトーストして分量外のEXVオリーブオイルを塗ってペーストをのせる。

ナスのペーストのクロスティーニ

材料（4人分）

ナス	大4本
ニンニク生姜（P.15参照）	大さじ1
アンチョビペースト	大さじ1
バジルペースト	大さじ1
（もしくはバジルの葉	10枚）
EXVオリーブオイル	大さじ6
塩	適量
こしょう	少々
バゲット	適量

作り方

1 ナスは皮をむき縦に8等分に切る。分量外の塩小さじ1をふって10分間おく。流水で塩を流してからよく水気を拭く。

2 フライパンにEXVオリーブオイル半量を入れてナスを炒める。

3 色付いて柔らかくなってきたらEXVオリーブオイル半量を足し、ニンニク生姜、アンチョビペーストを入れて木べらで突きくずしながらペースト状になるまで炒める。

4 バジルペーストまたは刻んだバジルの葉を入れて軽く炒める。味をみて塩とこしょうを足す。

5 バゲットを薄切りにし、軽くトーストして分量外のEXVオリーブオイルを塗ってナスのペーストをのせる。

ポルチーニのリゾット

ポルチーニ茸も最近ではスーパーで見かけるようになって来ました。美味しい出汁が出るので、スープやクリーム煮などに使いますが、リゾットはその旨味をすべてお米に吸わせています。ポルチーニはよく砂が付いているので気を付けて下さい。これを教えてくれたイタリア人の友人にそういうと、「ポルチーニのグレードしだいよ。高いものは付いていないの」と言われてしまいました。砂が混じると料理すべてがだめになってしまいますので、私は念のためコーヒーフィルターでこすようにしています。スープストック4カップ、もしくはコンソメ顆粒小さじ3＋水4カップで代用して下さい。米は洗うと割れやすくなり、スープの吸収が悪くなるので洗いません。

材料（4人分）

米	1.5カップ(250g)
乾燥ポルチーニ	15g
ぬるま湯	2カップ
エシャロット	大2こ
（または玉ねぎ	1/2こ）
パルメザンチーズ	40g
バター	大さじ1
白ワイン	1/2カップ
スープストック	4カップ
（もしくはコンソメ顆粒小さじ3+水4カップ）	
オリーブオイル	大さじ2
バター	大さじ1
塩	少々
こしょう	少々
イタリアンパセリ	適宜

作り方

1. エシャロットはみじん切りにする。
2. 乾燥ポルチーニはぬるま湯2カップに10分間つけ、引き上げてから絞ってさっと洗い、みじん切りにする。戻し汁はコーヒーフィルターを通してこしておく。スープストックと合わせて熱しておく。
3. 鍋にオリーブオイルを熱し、エシャロットを炒める。
4. 洗っていない米を入れて少し透き通るまで炒め、白ワインをふり入れ煮詰めてアルコールを飛ばす。
5. 熱いスープストックと戻し汁を米にかぶるくらい入れる。ポルチーニを加える。
6. 米がつぶれないように木べらであまり強くかき混ぜないようにして煮詰める。これを何度か繰り返しながら15分間ほど煮る。
7. 米の味をみて塩気が足りなければ塩を足し、少し芯が残ったアルデンテになっていれば火を止める。
8. バターとパルメザンチーズ、粗びき黒こしょうを混ぜて仕上げ、イタリアンパセリをちらす。

ローマ風焼きニョッキ

ニョッキといえばじゃが芋やかぼちゃに小麦粉を混ぜたお団子状のものを思い浮かべますが、ローマ風はパスタやクスクスの材料であるセモリナ粉を使ったニョッキです。イタリア人の友人はこちらの方が好きだと言って作ってくれました。シンプルでボリュームもあって、サラダを添えれば立派なランチになります。トマトソースを付けると一段と美味しくなります。

材料（4人分）	
セモリナ粉	150g
薄力粉	30g
無塩バター	60g
牛乳	500ml
ナツメグ	少々
生クリーム	大さじ2
卵	1こ
卵黄	2こ
塩	小さじ1/2
こしょう	少々
パルメザンチーズ	大さじ6
溶かし無塩バター	80g

作り方

1. テフロン加工の鍋に牛乳とバターを沸かし、ふるった粉類を混ぜ合わせてふるったものを少しずつ振り入れる。
2. 粉に水気をなじませるまでかき混ぜ続ける。
3. 火から下ろし、ナツメグ、生クリーム、卵、卵黄、パルメザンチーズの半量、塩とこしょうを加えてなめらかになるまで混ぜる。
4. バットにクッキングシートを敷いて種を広げる。
5. 冷めたら半分に分けてラップで包んで直径4cmの棒状にし、冷蔵庫で1〜2時間かけて冷やし固める。
6. 固まったら1cm幅に切って、オーブンの天板にクッキングシートを敷いた上に並べ、上から溶かしバターをちらしパルメザンチーズの半量をふる。
7. 190℃のオーブンで20分間焼く。

トマトソース

材料（4人分）	
ベーコン	30g
玉ねぎ	小1こ
ニンジン	小1本
にんにく	3片
バター	大さじ2
トマト缶	1
トマトペースト	大さじ2
コンソメ顆粒	小さじ2
水	500ml
ローリエ	2〜3枚
塩	少々
こしょう	少々

作り方

1. 刻んだベーコンをバターで炒め、みじん切りにしたにんにく、玉ねぎ、ニンジンを加えて炒める。
2. トマト缶、トマトペースト、水、コンソメ顆粒、ローリエを入れて30分間煮込む。味をみて塩とこしょうで調える。

豚のスカロピーネ・マルサラ酒風味

スカロピーネとは薄切り肉という意味です。通常子牛肉を使いますが最近ではイタリアでも豚ヒレ肉を使います。下味を付けて一晩休ませると、肉の臭みが抑えられて美味しくなるだけでなく、とても柔らかくなります。マルサラ酒はワインにアルコールを添加したものですが、飲むだけでなく肉や魚を焼く時やティラミスを作る時に旨味を格段にアップさせます。

材料(4人分)

豚ヒレ肉	800g
EXVオリーブオイル	1カップ
レモン汁	2こ分
イタリアンハーブ(オレガノ、バジル、セージ、タイムなどのミックス)	大さじ1
塩	適量
こしょう	少々
薄力粉	適量
バター	30g
生クリーム	1パック(200ml)
マルサラ酒	1カップ
きのこ(マッシュルーム・しめじ・エリンギ)	200g
コンソメ顆粒	小さじ2

作り方

1. 豚ヒレ肉は1cm幅に切り、軽く塩・こしょうをし、EXVオリーブオイル、レモン汁、イタリアンハーブをふって一晩冷蔵庫で休める。
2. マリネ液から豚肉を引き上げ、水気を取ってから薄く薄力粉をふる。
3. フライパンにバターを溶かし、焼き過ぎないように両面軽く焼く。
4. マルサラ酒とコンソメ顆粒を入れて、少し煮てから薄切りしたきのこと生クリームを加えて、味をみてから塩とこしょうを足す。

ティラミス

イタリア料理のデザートとしてすっかりおなじみになった
ティラミスです。通常フィンガービスケットを使いますが、
既成のスポンジやカステラでも出来ます。出来ましたらマ
スカルポーネチーズをお使い下さい。クリームチーズでも
作れますが、マスカルポーネチーズ独特のコクがあるのに
口当たりの軽いクリームとは少し違います。ここではマス
カルポーネクリームとチョコレートクリームを3層にして、
いつもと少し違ったティラミスをご紹介します。

材料（6人分）

卵黄	3こ
卵白	2こ
グラニュー糖	50g＋10g
マスカルポーネチーズ	250g
ブラックチョコレート	30g
エスプレッソコーヒー（インスタントコーヒーも可）	200ml
洋酒（ブランデー、アマレット、マルサラ酒など）	大さじ2
フィンガービスケット	24本
ココアパウダー	大さじ2

作り方

1. 卵黄をグラニュー糖50gと共に白っぽくなるまで泡立ててから、マスカルポーネチーズを合わせてよく混ぜる。
2. 卵白をグラニュー糖10gとともにしっかりと角が立つまで泡立てる。
3. マスカルポーネクリームに卵白を2〜3回に分けて優しく切り混ぜる。
4. 30gのブラックチョコレートを湯煎か電子レンジで溶かし、冷めてからマスカルポーネクリームを1カップ取って混ぜ合わせる。
5. フィンガービスケット8本を片面だけ洋酒を入れたコーヒーに浸けて容器に並べる。
6. マスカルポーネクリームの半量を流して表面をならし、フィンガービスケット8本をコーヒーに浸けてその上に並べる。その上にチョコレートクリームを流す。
7. この作業を繰り返し、最後のマスカルポーネクリームを流してからラップをかけて冷蔵庫で1〜2時間寝かせる。
8. テーブルに出す直前にココアパウダーをふる。

スペイン料理 タパス

Spain

タパスはスペイン料理の中のいわばおつまみ料理です。タパはふたという意味で、ワインやビールの上にふた代わりの小皿にナッツなど簡単なおつまみをのせたのが始まりと言われています。またピンチョスも同じようなものですが、ピンチョスはつま楊枝という意味でパンの上に具材を突き刺したのが始まりとされています。いずれもスペインのバルで食前酒と共におつまみを頂くというものです。

プルポ・ガジェーゴ

スペイン北西部のガリシア地方のタコ料理です。タコ漁が盛んでタコ祭りもあって、タコの屋台がたくさん出るそうです。じゃが芋との相性がとてもよいのですが、簡単におつまみが欲しい時にはゆでタコだけでもとても手軽に出来ます。スペイン人に初めて教えてもらった時に、パプリカパウダーがあまりに美味しかったので聞いたら、お婆さまの特別ブレンドで甘い・普通・辛いの3種類のパプリカを合わせたものでした。日本では普通のパプリカ以外手に入りにくいので、カイエンヌペッパーまたは一味を混ぜて下さい。

材料（4人分）

ゆでタコ	2本（約300g）
じゃが芋（メークイン）	2こ（約300g）
パプリカパウダー	大さじ1
カイエンヌペッパー	少々
塩	少々
EXVオリーブオイル	大さじ2
〈アイオリソース〉	
にんにく	1片
EXVオリーブオイル	大さじ2
マヨネーズ	大さじ3
マスタード	小さじ1
レモン汁	大さじ1
塩	適量
こしょう	少々

作り方

1. じゃが芋は皮ごとゆでて、皮をむいて5mmの厚さに輪切りする。
2. ゆでタコは5mmに切る。
3. 皿にじゃが芋を並べて薄く塩をふり、その上にタコを並べる。
4. EXVオリーブオイルをふり、塩を少しふってパプリカパウダーとカイエンヌペッパーを混ぜ合わせて、まんべんなくふる。
5. アイオリソースはにんにくをすりおろし、すべての材料を混ぜ合わせて上から細くたらす。

ズッキーニクリーム

日本ではあまりなじみがありませんが、スペインではよく食べられているタパスの一つです。クリーミーなズッキーニがカリカリのクルトンにからまって、とても美味しいのでワインやビールが進みます。作り方も簡単なので我が家の定番おつまみ料理です。

材料(4人分)

ズッキーニ	3本
じゃが芋	3こ (約450g)
6Pチーズ	3こ
牛乳	1/2カップ
EXVオリーブオイル	大さじ2
食パン	2枚
塩	適量
こしょう	少々
揚げ油	適量

作り方

1. じゃが芋の皮をむき4等分に切る。ズッキーニは半分に切る。
2. 蒸し器でじゃが芋とズッキーニを入れて蒸す。
3. 柔らかくなったら取り出して温かいうちにフードプロセッサーに入れ、チーズ、牛乳、EXVオリーブオイルを入れて回し、味をみながら塩とこしょうを入れる。
4. パンを2cm角に切り、油で揚げてクルトンを作る。
5. ズッキーニクリームを器に盛り、周りにクルトンをちらす。

エビのアヒージョ

日本では一番なじみ深いタパスではないでしょうか。アヒージョとはにんにくとオリーブオイルで揚げ煮することですが、エビだけでなくカキ、タコ、鶏肉、きのこ、野菜など好きな具材で出来ます。エビは有頭エビを使うとミソの旨味がオリーブオイルに染み出し、パンを浸すと旨みを全部染み込ませることが出来ます。にんにくはスライスしてもみじん切りでもよいのですが、焦げやすいので皮ごと入れて、揚がってピュレ状になったものをいただくのも香ばしくてとても美味しいです。

材料（4人分）

エビ	12尾
にんにく	2片
オリーブオイル	100ml
赤唐辛子	1本
塩	小さじ1/4
パン	適宜

作り方

1. エビは頭を残して皮をむき、背ワタを取る。
2. 鍋にオリーブオイルを熱しにんにくを皮ごと入れる。
3. 色付いてきたらエビ、種を抜いた赤唐辛子、塩を入れる。
4. 弱火で10分間揚げ煮する。
5. 深めの耐熱皿に入れて、パンを添える。

オイルサーディン

オイルサーディンはタパスやピンチョスに欠かせないものですが、缶詰ではなく手作りすると格段に美味しくなります。通常イワシをオイル煮にして作りますが、水を入れずに白ワインで煮てオリーブオイルで漬け込みます。圧力鍋を使うと骨まで美味しく食べられます。1週間は保存が利くのでタパスの他リエット（P.199「サバのリエット」参照）やサラダ、パスタ、ピザの具材にとたくさんの料理に使えます。

材料（4人分）

イワシ	20尾
玉ねぎ	1こ
セロリ	1本
白ワイン	2カップ
塩	大さじ1
黒粒こしょう	小さじ1/2
ニンニク生姜(P.15参照)	大さじ1
ローリエ	2枚
ローズマリー	1枝
EXVオリーブオイル	1カップ

作り方

1 イワシは頭と内臓を取り、ボウルに水を張って小さじ1の分量外の塩を溶かす。その中でうろこを優しく取り内臓を洗う。流水でさっと洗い、水気を取る。

2 圧力鍋に玉ねぎとセロリの薄切りを敷き、ニンニク生姜、ローリエ、ローズマリー、塩、こしょう、白ワインを入れてその上にイワシを並べる。

3 蓋をして火をつけ、栓が上がってから中弱火で10分間加熱する。

4 冷めたらイワシを取り出し、容器に並べて上からかぶるくらいのEXVオリーブオイルを注ぐ。

ロシア料理
Russia

Ⅲ ヨーロッパとロシアの家庭料理　117

ロシア料理は私達にとってピロシキやボルシチくらいしかなじみがありませんが、ロシア人にロシア料理を教えてもらうと、シンプルで素朴な美味しさに驚きます。フランス料理の影響がある帝政ロシアの宮廷料理から厳しい気候風土に根付いた農民料理まで、その領土の広さと同じく料理の幅広さは特別です。

ピロシキ

小さなころから大好きだったピロシキですが、ロシア人に教えてもらったピロシキがおなじみの揚げたものではなく、焼きピロシキだったのは驚きました。モスクワなどのヨーロッパ側では焼いたものが一般的で、具も肉と玉ねぎくらいのシンプルな方が美味しいと言われました。ゆで玉子や野菜の入った揚げピロシキはシベリア側で好まれるようです。揚げピロシキの生地は焼きピロシキと同じで、具はゆで卵、マッシュルームなどを足して揚げて下さい。

材料（10こ分）

〈生地〉

強力粉	250g
ドライイースト	3g
牛乳	120ml
砂糖	大さじ1
塩	小さじ1/2
バター	20g
卵	1こ（生地1/2、つや出し1/2）

〈具〉

牛肉	100g
豚肉	100g
鶏肉	100g
玉ねぎ	1/2こ
ナツメグ	少々
塩	少々
黒粒こしょう	少々
植物油	大さじ1
薄力粉	大さじ1

作り方

1. ボウルに強力粉、ドライイースト、砂糖・塩を入れ、ぬるく温めた牛乳と卵半量を注ぐ。
2. こねて大体まとまったら、室温に戻したバターを入れて、こねながらなじませる。
3. 油を塗ったラップをかける。オーブンの発酵機能を使うか、温かいところ（約30℃）で40〜50分間発酵させる。
4. 牛肉、豚肉、鶏肉は1cm角に切る。玉ねぎは粗みじんに切る。
5. フライパンに油を入れ、玉ねぎを色づくまで炒める。牛肉、豚肉、鶏肉を入れて炒め、ナツメグ、塩・こしょうを入れて炒める。
6. 薄力粉をふり入れて、粉気がなくなるまで炒める。
7. 発酵した生地を10こに分けて丸めて、固く絞った布巾をかけて、10分間休める。
8. 生地を円形に広げて冷めた具をのせ、端をつまんで包む。
9. クッキングシートの上に合わせめを下にしてぬれ布巾をかけ、温かいところで30分間2次発酵させてから半こ分の卵液を表面に塗る。
10. 余熱した180℃のオーブンで約20分間焼く。

休日のサラダ

ロシアンサラダといわれるものですが、日曜日に礼拝の後で家族が集まって食べるサラダと聞きました。じゃが芋をベースにハム、チーズ、ササミ、ピクルスなどを層に重ねていきます。パーティーの時には前日に作っておいて、当日仕上げだけするので簡単に豪華なサラダが出来ます。マヨネーズは国産のものは酸味が強いので、ぜひ輸入品をお使い下さい。お客さまにお出しするとケーキと間違われて嬉しくなってしまいます。

Ⅲ ヨーロッパとロシアの家庭料理　119

材料（7〜8人分）	
じゃが芋	中8こ（約1.2kg）
マッシュルーム	5こ
玉ねぎ	1こ
ロースハム	5枚
シュレッドチーズ（ナチュラルチーズを削ったもの）	1袋（140g）
ピクルス	1ビン
鶏ササミ	3本
輸入マヨネーズ	1ビン（430g）
ゆで卵	3こ
オリーブオイル	大さじ1
塩	適量
こしょう	少々
飾り用ゆで卵	2こ
パセリ	適宜
プチトマト	適宜

作り方

1. じゃが芋は皮ごと蒸し器で柔らかくなるまで蒸すか、圧力鍋にザルを入れて蒸す。皮をむいて1cm角に切る。
2. マッシュルームをスライスし、玉ねぎを1cm角に切り、オリーブオイルで炒めて軽く塩、こしょうをする。
3. ハムは1cm角に切り、ピクルスは細かく刻み、ササミは塩を一つまみ入れてゆでて裂いておく。（写真①）
4. 初めに仕上げ用の1/4量のマヨネーズを取り分けておく。円筒形の容器にラップを敷く。
5. じゃが芋を底に敷いてマヨネーズを薄く塗る。（写真②）
6. マッシュルームと玉ねぎを広げ、薄くマヨネーズを塗る。（写真③）
7. ハム、チーズ、ピクルス、ササミの間にじゃが芋をはさんでそれぞれにマヨネーズを薄く塗る。（写真④⑤）
8. 一晩寝かしてから皿に返し、仕上げ用のマヨネーズを塗る。（写真⑥⑦）
9. 刻んだゆで卵、パセリ、プチトマトで飾る。

ボルシチ

ロシア料理といえばボルシチというくらい有名ですが、元々はウクライナの郷土料理でした。具材にビーツの色が染み込んで赤く美味しくなります。最近では生のビーツが手に入るようになって来ましたが、缶詰を使うと簡単です。肉が入りますが、鶏手羽元やスペアリブなどの骨付きがコクのある美味しいスープになります。モスクワ出身の方は野菜をすべて拍子切りか千切りにしますが、煮溶けやすいのでくし型切りや乱切りにしてもよいでしょう。

材料(4人分)

スペアリブ	500g
ビーツ(缶詰)	200g
ニンジン	1本
玉ねぎ	1こ
じゃが芋	2こ
キャベツ	1/6こ
トマトペースト	大さじ2
ローリエ	3枚
オリーブオイル	大さじ2
塩	適量
黒粒こしょう	少々
にんにく	2片
サワークリーム	適宜
パセリ	適宜

作り方

1. スペアリブを2ℓの水で約1時間アクを取りながら煮込む。
2. 玉ねぎとにんにくはみじん切りにする。ニンジン、じゃが芋、ビーツは大きめの拍子切り、キャベツは粗めの千切りにする。
3. 鍋にオリーブオイルを入れてにんにくを炒め、香りが立ってきたら玉ねぎを炒める。それをスペアリブとスープに加え、トマトペースト、ローリエ、塩、黒粒こしょうを入れて煮込む。
4. ニンジン、じゃが芋を入れて2〜3分間煮込み、キャベツとビーツを入れて5〜6分間煮込む。すべて柔らかくなったら、スープ皿に入れてサワークリームをのせる。

IV
中南米の家庭料理

ペルー料理
Peru

日本ではあまりなじみのないペルー料理ですが、今や世界的なブームになっています。先住民や植民地時代のスペイン、各国からの移民などの多彩な食文化の影響を受けてとても美味しい料理です。トマト、じゃが芋、唐辛子、とうもろこしなどはアンデスが原産です。その種類も多様で、じゃが芋やトマトの種類の多さには驚きます。ペルーの有名なデザート"マサモラ・モラーダ"は紫とうもろこしを煮て作りますが、とても鮮やかな紫色です。

パパ・ア・ラ・ワンカイーナ

じゃが芋のワンカヨ（ペルー中部の都市）風ソースがけという意味です。私の一番好きなペルーの前菜です。ポイントはアヒ・アマリージョという黄色い唐辛子です。ビン詰や缶詰で売っていますが、手に入れるのが少し難しいので青唐辛子や赤唐辛子で代用して下さい。

材料（4人分）

じゃが芋	4こ（約600g）
カッテージチーズ（裏ごしタイプ）	200g
牛乳	1/2カップ
植物油	1/2カップ
レモン汁	1こ分
クラッカー	4枚
ゆで卵の黄身	4こ分
青唐辛子	2本
ゆで卵	2こ
レタス	適宜
ブラックオリーブ	12こ
塩	適量
こしょう	少々

作り方

1. じゃが芋を皮ごとゆでる。皮をむいて1cm幅に切る。卵をゆでて半分に切る。
2. フードプロセッサーにカッテージチーズ、牛乳、植物油、レモン汁、クラッカー、ゆで卵の黄身、種を取った青唐辛子をかけて、味をみながら塩・こしょうを入れる。
3. 皿にレタスを敷き、じゃが芋とゆで卵を並べて、上からチーズソースをかけてブラックオリーブをちらす。

メキシコ料理
Mexico

IV 中南米の家庭料理　125

アステカやマヤの先住民料理とスペイン料理が融合した料理です。とうもろこしを粉にして薄焼きや揚げたトルティーヤに、いんげん豆を煮込んで、潰してから塗って具をのせたものがメキシコ家庭料理として代表的です。

メキシコ人の友人が作ってくれた、缶詰のつぶした豆を塗り、刻んだハムや野菜をのせたトルティーヤは、簡単かつシンプルな美味しさでした。

グァカモーレ

アボカドのディップのことです。火も使わず材料を混ぜるだけなので、最近では簡単なおつまみ料理として人気になって来ました。アボカドの種は捨てずにディップに入れたままにすると変色が防げます。とうもろこしで作ったトルティーヤチップスを添えるとビールが進みます。

材料（4人分）

アボカド	2こ
玉ねぎ	1/2こ
レモン汁	1こ分
トマト	1こ
香菜	1/2束
塩	小さじ1/2
好みでチリソース、タバスコ	適宜

作り方

1. アボカドは縦半分に切れ目を入れ、ひねって割る。種を取り実を取り出し、フォークで粗く潰す。種を戻しレモン汁を混ぜておく。
2. 玉ねぎは分量外の塩一つまみ入れてもんでから水で洗い流す。
3. トマトは種を取って1cm角に切る。香菜は細かく切る。
4. アボカド、玉ねぎ、レモン汁、トマト、香菜を合わせて、塩を入れる。好みでチリソースを入れる。
5. 器に盛ってコーントルティーヤチップスを添える。

サルサ

サルサとはソースという意味なので、サルサソースという表記はソースソースとなってしまいます。サルサにも沢山の種類があり、グァカモーレはアボカドのサルサです。代表的なトマトをメインにした赤く辛いソースをよくサルサといいますが、正式にはサルサロハといいます。コーントルティーヤチップスを添えておつまみとして人気ですが、焼いた魚や肉のソースにしてもピリッと爽やかになります。

材料（4人分）

完熟トマト	2こ
玉ねぎ	1/2こ
ピーマン	1/2こ
にんにく	1片
レモン汁	大さじ2
ハチミツ	小さじ1
トマトペースト	大さじ1
塩	小さじ1/2
コリアンダーリーフ(香菜)	1/2束
チリソースまたはタバスコ	適宜

作り方

1. トマトはヘタを取り、種を取り除いて1cm角に切る。
2. 玉ねぎはみじん切りにし、分量外の塩一つまみでもんでから流水で流して水気を絞る。
3. ピーマンはみじん切りにする。にんにくは細かいみじん切りにする。
4. トマト、玉ねぎ、ピーマン、にんにく、レモン汁、ハチミツ、トマトペースト、塩を混ぜ合わせてから好みの量のチリソースを混ぜる。
5. 香菜をみじん切りにし、上からちらす。

セビーチェ・シナロワ風

セビーチェとはエビやタコ、ホタテ貝柱、イカ、白身魚をライムジュースでしめて野菜と合わせたシーフードサラダです。シナロワとはメキシコ沿岸の町で、セビーチェを教えてくれた友人の出身地です。ほとんどの材料を生で用意し、たっぷりのライムジュースでしめて殺菌します。トルティーヤチップスを添えて頂きます。

材料(4人分)

エビ	100g
タコ	100g
生の白身魚	100g
ライムまたはレモン汁	5こ分
紫玉ねぎ	1/2こ
セロリ	1/2本
コリアンダーリーフ(香菜)	1/2束
塩	小さじ1
こしょう	少々
赤唐辛子	1本

作り方

1. タコはゆでてそぎ切りにする。エビは生きているものは生で皮をむき、冷凍はゆでる。白身魚はそぎ切りにしておく。
2. 紫玉ねぎとセロリは薄切りにして、半量の塩で軽くもんでおく。
3. 魚介をボウルに入れて残りの塩を入れてよくなじませ、出た水気を拭き取る。レモン汁で10分間休める。
4. すべての材料を合わせて、味をみて塩、こしょうを足し、好みで種を取った赤唐辛子の輪切りを入れる。器に盛り上から香菜をちらす。

ブラジル料理

Brazil

神戸とブラジルはとても遠い国ですが、深いつながりがあります。神戸の山手には日本からブラジルに移民として渡る準備の施設 "移住センター" が100年前からありました。現在神戸にはブラジル人が沢山住んでいます。知人のブラジル人にブラジル家庭料理を沢山教えて頂きました。シュラスコなどの肉のイメージが強いですがトマト、玉ねぎ、きゅうりなどを酢と塩で味付けたソースはブラジル料理に欠かせません。色々な料理にたっぷり添えてさっぱりと頂きます。

フェジョアーダ

有名な郷土料理で黒豆と臓物を煮込んだものです。本格的な内臓がたっぷり入ったものは、かなり食べにくいものでした。最近ではブラジルでもスペアリブ、ベーコン、ソーセージなどが入ってとても美味しく食べやすいようにアレンジされています。ブラジルのフェジョンという小さい黒豆の代わりにうずら豆やキドニービンズ、またブラックビーンズの缶詰を使うと簡単に出来ます。通常バターライスを添えます。

材料（4人分）

フェジョン	200g
にんにく	2片
玉ねぎ	1こ
スペアリブ	300g
ソーセージ	4本
ブロックベーコン	50g
植物油	適量
塩	適量
黒粒こしょう	少々

作り方

1. フェジョンは一晩水に浸けておく。たっぷりの水でゆでる。ゆで汁を捨て、水でさっと洗う。新たに水を入れアクを取りながら煮る。
2. フライパンに植物油と刻んだにんにくを入れ、香りが立ってきたら粗みじんにした玉ねぎを炒める。
3. 玉ねぎがきつね色になったら、軽く塩、こしょうをした肉類を炒める。
4. フェジョンの鍋に玉ねぎ、スペアリブ、ソーセージ、ベーコンを入れ1時間煮込む。
5. 塩とこしょうで味を調える。

ゆかの食べ歩き

パリ —— 日常に溶け込んで

　パリに行く時は必ずといってよいほどキッチン付きのアパートメントホテルに宿泊します。お気に入りの市場がいくつもあり、食材を調達して料理します。かたまりのスモークサーモンを薄切りにしてもらったり、チーズの熟成具合を相談したりと、私にとって何より楽しい時間です。またアンティークマーケットにも必ず行きます。本書でもたくさんのアンティーク食器を使っています。あまり高価なものは買いません。惜しげなく日々の生活の中で使ってこそ生きいきと輝き出します。

　パリではレストランにも行きますが、よく訪れるのはビストロです。近年、星つきレストランが法外に高価なのを苦慮した若きシェフたちが、ネオ・ビストロとしてレストラン並みの実力をビストロの値段で提供するお店がブームになりました。探すと優秀なビストロがたくさんあって、リーズナブルな料金で超一流の料理を楽しめます。

アパートメントホテルのキッチンと買い求めた食材で夕食を作る

シーフードレストラン入リロ

ビストロの店内

ワイン専門店地下のワインセラー

ワインバーに吊るされたメニュー

V
世界のピクニック料理

世界のピクニック料理

Picnic

Ⅴ 世界のピクニック料理

色々な国の方に家庭料理を教わっていると、よく耳にするのが"これを持ってピクニックへ行きます"という言葉でした。
そんな世界中のお料理を持って、ピクニックに出かけませんか？

オイスター・ラブローフ

これはアメリカの有名なミュージシャンであるマイケル・ホワイトさんと奥さまで歌手のレイセイ・チェンさんから教わったアメリカ人が大好きなカキ料理です。フランスパンの中身をくり抜いて、カキフライを詰めてオーブンで焼くと旨みがパン全体に染み込んで冷めてもとても美味しいのでピクニックにぴったりです。

材料（6人分）

生カキ	400g
太めのバゲット	1本
ベーコン	100g
レリッシュ（刻んだピクルス）	小1ビン
レモン	1こ
ケチャップ	1カップ
バター	適量
小麦粉	適量
卵	3こ
塩	適量
こしょう	少々
揚げ油	適量

作り方

1. 生カキは塩と片栗粉でやさしく洗ってキッチンペーパーで水気をよく拭き取っておく。塩、こしょうとレモン汁で下味を付ける。
2. カキを卵液につけて小麦粉をまぶす。色付くまで揚げる（写真①）。
3. バゲットの両端を切り、中身をくり抜いてバターを塗っておく。焼いたベーコンをパンの中に敷く（写真②③）。
4. パンの中に揚げたカキ、ケチャップ、ピクルスの順に詰めていく（写真③④⑤）。
5. バゲットの端でふたをし、アルミフォイルでしっかりと包み、170℃のオーブンで30分間焼く。

①

②

③

④

⑤

キッシュ・ロレーヌ

フランス人が一番好きなシンプルで美味しい、ロレーヌ地方のキッシュです。日曜日の朝にママンがキッシュを焼いて、森にピクニックへ行くとお昼ごろにはまだ少し温かく、食べごろの温度になっています。

材料（24cm焼型1台分）

〈生地〉
- 薄力粉 200g
- 無塩バター 100g
- 塩 1つまみ
- 全卵 1こ
- 卵黄 1こ

〈卵液〉
- 生クリーム 100ml
- 牛乳 100ml
- 卵 3こ
- 塩 少々
- 粗びき黒こしょう 少々

〈具材〉
- ブロック・ベーコン 150g
- 玉ねぎ 1/2こ
- 溶けるチーズ 50g
- バター 適量

作り方

1. フードプロセッサーに薄力粉と塩を入れ、薄くのばして冷凍したバターを割って入れる。回して小豆大になったら溶いた卵を入れて混ぜ合わせる。
2. 軽くこねてひとまとめにし、フリーザーバッグか厚手ビニールに入れて、冷蔵庫で1時間休める。
3. のし台にフリーザーバッグごとのせてめん棒で叩いてある程度伸ばし、その後焼型より一回り大きく伸ばす。
4. バターを塗った焼型にフリーザーバッグごとのせて、はさみで切ってそっと引っ張って外す。生地は焼型の底の角に添わせてたるませ気味に張り付けていく。端をナイフで切り落とし、フォークで底に穴を開けて、予熱した180℃のオーブンで約15分間焼く。
5. その間に薄切りの玉ねぎをバター小1で炒め、拍子切りにしたベーコンを加えて焼きめを付ける。キッチンペーパーに取って、余分な油を切る。
6. 下焼したパイ生地に具材を真ん中を外してちらし、よくかき混ぜた卵液を流す。180～190℃のオーブンで30～40分間色付くまで焼く。

ピタパンサンド

もともと中近東のサンドイッチでしたが、最近ではパリやニューヨークの人気屋台ランチになりました。ピタパンという空洞になったパンに色々な具を詰めて食べますが、ここではあまり知られていないイランスタイルの多彩なフィリングをご紹介しましょう。

ピタパン

ピタパンは中近東で食べられている主食のパンですが、最近ではポケットパンなどとも呼ばれています。大きなスーパーやデパートなどでは見かけるようになりましたが、やはり手作りすると美味しさも格別です。オーブンで一度に焼くと簡単ですが、2割ほどが膨らまないことがあります。少し手間がかかりますが、フライパンと餅網で焼くとぷっくりと膨らみ、なんとも可愛らしい姿です。

材料(8枚分)

強力粉	250g
全粒粉	50g
砂糖	大さじ1
塩	小さじ1
ドライイースト	大さじ1
オリーブオイル	大さじ1
ぬるま湯	180ml

作り方

1. 大きめのボウルに粉を合わせ、塩とオリーブオイル、反対側に砂糖とイーストを入れる。
2. ぬるま湯を入れながらよく混ぜる。まとまってきたら約10分間こねる。
3. ラップにオイルを塗ってぴったりと生地を覆う。温かいところ(約30℃)で約1時間1次発酵をする。
4. 約2倍に膨らんできたら潰して8等分に分け、ボール状に丸める(写真①)。約10分間程度休ませ、打ち粉(強力粉)をしたのし台で3〜5mmに伸ばす。
5. 油をひいて一旦拭き取ったフライパンにのせて中火で両面を2〜3分間焼く。餅焼き網に移してぷっくり膨らむまで両面を焼く(写真④)。
6. 保温は布巾に包むか中華せいろに入れておく(写真⑤)。

①

②

③

ファラフェル

ピタパンサンドの具材の中で一番有名なのがヒヨコ豆のコロッケ、ファラフェルです。カリカリと香ばしく、サンドイッチ以外にも前菜として出されます。タヒニソースというゴマのソースやピンクソースと呼ばれる甘くない大人のオーロラソースをかけて頂きます。

材料（4人分）

乾燥ヒヨコ豆	1と1/2カップ
玉ねぎ	1/4〜1/2こ
コリアンダーリーフ（香菜）	1/2束
コリアンダーパウダー	小さじ1
クミンシードパウダー	小さじ1
ニンニク生姜（P.15参照）	大さじ1
しょう油	大さじ1
塩	小さじ1
粗びき黒こしょう	小さじ1/2
卵黄	1こ分
米粉または小麦粉	大さじ2
すりゴマ	1/2カップ
揚げ油	適量

作り方

1. ヒヨコ豆は水に一晩浸ける。フードプロセッサーによく水気を切ったヒヨコ豆をかけて、粗くひいたところへその他全ての材料をかける。

2. カリっとさせるためにあまりすり潰さない。1時間冷蔵庫で休める。直径2〜3cmにぎゅっと丸める。丸めにくければ粉やすりゴマを足してもよい。

3. 160℃くらいのやや低温できつね色になるまで揚げる。

〈タヒニソース〉

材料

練リゴマ	大さじ4
薄口醤油	大さじ1
レモン汁	大さじ2
すりおろしにんにく	1片分
あればミントの葉やイタリアンパセリの刻んだもの	適量
水	適量

〈ピンクソース〉

材料

マヨネーズ	大さじ3
レモン汁	大さじ2
トマトペースト	大さじ2
塩	少々
こしょう	少々

キャロットラペ

一番有名なニンジン料理です。調味料が少し違うだけでヨーロッパ、北南アメリカ、中東、北アフリカ、アジアと世界中にあります。それだけ栄養もあって簡単で美味しく、何に付け合わせても合う万能な一品です。おろし器で突き下ろすと簡単ですが、手間をかけて手切りすると一段と美味しくなります。

材料(4人分)

ニンジン	2本
エシャロット	5こ
または玉ねぎ	1/2こ
マスタード	小さじ1
レモン汁	大さじ2〜3
コリアンダーパウダー・クミンパウダー	少々
EXVオリーブオイル	大さじ2
干しぶどう	大さじ2
塩	適量
こしょう	少々

作り方

1. ニンジンをおろし器で突き下ろすかマッチの軸程度に切って、塩とレモン汁で和えて休めておく。
2. 味がなじんだらその他の調味料とみじんに切ったエシャロット、干しぶどうを加える。

ナスのペースト

くたくたになるまで炒めたナスが、相性のよいトマト、にんにく、オリーブオイルとペースト状になると、旨みの結晶のようになります。パンやスティック野菜に付けてもパスタにからめても美味しい一品です。

材料（5人分）

ナス	5本
トマトペースト	大さじ3
ニンニク生姜	大さじ2
塩	適量
こしょう	少々
EXVオリーブオイル	大さじ4
あればドライミント	大さじ1

作り方

1. ナスは洗って皮をむき、1/8に切る。塩を強めにして休めてからさっと洗って水気をふいておく。
2. 鍋にオリーブオイル半量を入れてナスを炒める。ナスは油を吸収するので途中オリーブオイルを半量足す。
3. 柔らかくなってきたらニンニク生姜を入れてしばらく炒め、トマトペースト、塩こしょうを入れる。
4. 木べらで潰しながらさらに5分間炒めて火を止めてからドライミントを振り入れる。

オリヴィエ（鶏とじゃが芋のサラダ）

じゃが芋を骨付きの鶏肉と茹でることによって、美味しいスープが全体に染みわたり、旨みたっぷりなポテトサラダです。付け合わせというより、前菜としても軽いランチにしてもよいと思います。

材料（4人分）

骨付き鶏肉	300g
ゆで卵	3こ
ニンジン	1本
じゃが芋	中4こ (600g)
玉ねぎ	1こ
ピクルス	60g
マヨネーズ	1/3カップ
塩	少々
こしょう	少々
ターメリックパウダー・シナモンパウダー	少々
オリーブオイル	適量

作り方

1. 鍋に薄切りにした玉ねぎを入れてオリーブオイルで炒める。
2. 鶏肉、塩、こしょう、水をかぶるくらいに入れて30分間煮る。
3. 皮をむいて適当に切ったじゃが芋とニンジンを加えて煮る。スパイスを加えてさらに煮る。
4. 柔らかくなったら骨付き鶏肉を取り出し、骨を外して手で裂いておく。
5. ボウルにじゃが芋、ニンジン、切ったゆで卵や粗みじんにしたピクルス、マヨネーズ、鶏肉を加えて味を見て塩とこしょうを足す。

イタリア風の豆のサラダ

前日に作っておける豆のサラダは、パーティー料理にも常備菜にもなります。出来るだけ豆の種類を多くすると、カラフルで味も食感も違って美味しくなります。圧力鍋を使って時間を短縮し、豆を圧力鍋付属の穴の開いたかごや簡易蒸し器に入れて蒸すと簡単に蒸すことが出来ます。

材料(4人分)

豆5種類(黒豆、大豆、うずら豆、白いんげん豆、キドニービーンズ等)
　　　　　　　　　各1/2カップ
玉ねぎ　　　　　　　　1/2こ
きゅうり　　　　　　　　1本
プチトマト　　　　　　　5こ
レモン汁　　　　　　　大さじ2
EXVオリーブオイル　　　大さじ3
塩　　　　　　　　　　適量
こしょう　　　　　　　　少々

作り方

1. 乾燥豆は色が混ざらないように小さいボウルにそれぞれを種類ごとに入れて水に一晩浸ける。
2. 圧力鍋にカップ2の水を張り、付属のかごや簡易蒸し器にすべての豆を入れてふたをセットする。栓が上がってから、弱火で10分間加熱する。そのまま冷めるまで置いておく。
3. レモン汁、オリーブオイル、塩、こしょうでドレッシングを作って豆にかける。しばらくなじませてから1cm角に切った野菜を混ぜ合わせる。

フルーツゼリー

ピクニック用には固まったゼリーより、ゆるめに作ってフォークでかいて崩してからフルーツと合せたゼリーは食べやすいものです。ここではシロップを作る時に刻んだミントの葉を入れて煮出します。より爽やかでピクニックにぴったりのデザートになります。

材料（5人分）

砂糖	大さじ2
ゼラチンパウダー	大さじ1
水	500ml
生ミントの葉	10枚
レモン汁	大さじ1
キルシュまたは好みの洋酒	大さじ1
好みのフルーツ（オレンジ、イチゴ、ぶどう、桃など）	適量

作り方

1. ゼラチンパウダーを分量外の水大さじ3にふりかけておく。
2. 水、砂糖、レモン汁、刻んだミントの葉を沸かし、火を止めてからキルシュとゼラチンを入れて、溶けたらこしておく。
3. 冷やして固まったらフォークなどで崩す。
4. 皮をむいて適当にカットしたフルーツと合わせて冷やしておく。

天使の羽根の
キャラメルカップケーキ

見た目の可愛らしさもさることながら、その美味しさに歓声が上がります。生地に入れるキャラメルの焦がし加減がポイントになります。あっという間に焦げるので、鍋を時々火から外しながら、充分色が付いてきたら火を止めて余熱で焦がして下さい。少し苦いくらいが美味しく出来ます。

材料（10〜12こ分）

〈キャラメル〉

グラニュー糖	150g
水	大さじ1
生クリーム	150g

〈生地〉

無塩バター	100g
グラニュー糖	100g
アーモンドプードル	160g
卵	L4こ
薄力粉	130g
ベーキングパウダー	3g
塩	1つまみ

〈クリーム〉

ホワイトチョコレート	200g
生クリーム	200g
無塩バター	15g

作り方

〈キャラメル〉

1. キャラメルはグラニュー糖と水を鍋に入れてかき混ぜないように加熱する。煙が上がって茶色になるまで加熱し、すぐに火を止めて余熱でこげ茶色になるまで色付ける。
2. 室温に戻した生クリームを入れる。再び火をつけて鍋底や周りをはがす。ボウルに入れて冷ます。

〈生地〉

1. フードプロセッサーに室温に戻した無塩バター、グラニュー糖、キャラメル、アーモンドプードル、室温に戻してほぐした卵（2〜3回に分ける）、塩、ふるった薄力粉とベーキングパウダーを順番に加えるたびに少しづつ回しながら混ぜる。
2. プリン型に紙カップを敷いて2/3のところまで生地を流す。180℃に予熱したオーブンで約20分間焼く。竹串で焼けたのを確認したら、完全に冷ます。
3. カップケーキの上部の中心部分に向かって、斜めにナイフを入れてコマ状に切り取る。切り取ったものを縦半分に切っておく。

〈ガナッシュクリーム〉

1. 生クリームを沸かし、ボウルに入れたホワイトチョコレートにかける。
2. 全体に熱が伝わるまで15秒間ほどおく。よく混ぜてからバターをちぎって入れて混ぜる。絞り出しやすいように冷やして、星形の口金を付けた絞り袋に入れる。
3. カップケーキのへこんだ部分にガナッシュクリームを絞って、羽根を差す。

VI
アフタヌーンティー

アフタヌーンティー
Afternoon Tea

今では私たちにもすっかりおなじみになったアフタヌーンティーですが、英国が発祥の午後の優雅なティーパーティーのことです。3時過ぎくらいから始まり、クッキーやケーキ、サンドイッチをつまみながら午後のひと時を楽しい会話で過ごすというものです。親しい友人を招いて季節感を大切にしながらゆっくりと寛いでいただきましょう。夏はガーデンパーティーやテラスでアフタヌーンティーも素敵ですし、クリスマスシーズンには飾り付けを見ていただいたり、クリスマスケーキをお出ししたり、小さなプレゼントを交換するのも楽しいですね。

ベリーのシャンパン

飲み物というより、フルーツポンチのようなものです。ピンクシャンパンを使って、色もロマンティックに演出します。他のフルーツでも出来ますが、ベリー類が一番相性がよいでしょう。

材料(4人分)

ピンクシャンパン	300ml
ベリー類(フランボアーズ、いちご、ブルーベリーなど)	300g
レモン汁	大さじ1
ハチミツ	大さじ1
ミントの葉	10枚

作り方
1. レモン汁とハチミツを合わせ、ちぎったミントの葉と共にシャンパンに入れる。
2. グラスにベリー類を入れてから上からシャンパンを注ぐ。

スコーン

アフタヌーンティーには欠かせない分厚いソフトビスケット。あまり甘く焼かずに、たっぷりとジャムやクロテッドクリームを添えて頂きます。ここではボランティア仲間のイギリス人に習ったスコーンをご紹介します。生地どうしを近づけると湿度を含んでしっとりと焼けると教えてくれました。彼女はスコーンが焼けている間に、クロテッドクリームを隣の農場へバケツを持って分けてもらいに行ったそうです。日本での価格が高価なことに嘆いていました。日本では手に入りにくいので、クロテッドクリームに近いクリームを紹介します。

材料（8こ分）

薄力粉	240g
ベーキングパウダー	大さじ1
無塩バター	80g
牛乳	80ml
卵	1こ
砂糖	30g
塩	1つまみ
ジャム	200g
クロテッドクリーム	200g

作り方

1. 薄力粉とベーキングパウダーは合せてふるい、無塩バターは1cm角に切り、冷やしておく。
2. ボウルに粉類とバターを入れ、空気を入れながら手首を返して、指をこすり合せる。
3. 砂糖と塩を加え中央に牛乳と卵を混ぜ合わせたものを少しずつ入れながらフォークで混ぜてから手で軽くこねる。
4. ひとまとめにしてビニール袋に入れて冷蔵庫で30分間休める。
5. のし台とめん棒、生地にも分量外の薄力粉で打ち粉をし、厚さ2～2.5cmに伸ばし、直径5cmの抜き型かコップで抜いて天板に並べる。
6. 表面に分量外の牛乳を塗り、180℃に余熱したオーブンで15～20分間焼く。

〈代用クロテッドクリーム〉

材料

マスカルポーネチーズ	100g
サワークリーム	100g
生クリーム（写真①）	200ml

作り方

1. 生クリームは7分立てしておく（写真②）。
2. マスカルポーネチーズとサワークリームを混ぜ合わせ、生クリーム大さじ2を取って混ぜる（写真③）。
3. 2を生クリームの中に2～3回に分けて加え、よく混ぜ合わせる（写真④）。

 ①  ②  ③  ④

サーモンマリネとクリームチーズのオープンサンド

自家製のサーモンマリネは旨みがあるのにさっぱりと優しい味です。酸味のあるクリーミーなクリームチーズと香ばしい全粒粉のパンの取り合わせが美味しいサンドイッチです。

材料(4人分)

サーモンマリネ	150g
クリームチーズ	100g
紫玉ねぎ	1/4こ
ピクルス	1本
全粒粉パン	薄切り4枚
塩	少々
こしょう	少々
ディル	適宜

作り方

1. サーモンマリネは(P.197参照)で作って薄くスライスしておく。紫玉ねぎとピクルスは細かくみじん切りにする。
2. クリームチーズに紫玉ねぎ、ピクルス、ディル、塩、こしょうを入れて混ぜる。
3. 胚芽入り全粒粉パンにクリームチーズミックスを塗り、その上にサーモンを並べる。
4. 菊型、丸型、三角など好きな形に抜くか切る。

スノーボール

クリスマスクッキーとして有名なスノーボールですが、口に入れたとたんホロホロとくずれます。ナッツはお好みで1種類でも結構です。生地の砂糖を減らし、周りにたっぷりまぶした粉砂糖が美味しいクッキーです。完全に冷めてから粉砂糖をまぶすとよくつかないことがあります。少し面倒ですが口当たりのために、またコロンと仕上げるために2度生地を冷蔵庫で休めます。時間がないときはそのまま焼いても結構です。

材料（20こ分）

薄力粉	120g
アーモンドプードル	50g
無塩バター	120g
粉砂糖	40g
バニラオイル	2～3滴
塩	1つまみ
クルミ・松の実・ピスタチオ	各20g
飾り用粉砂糖	適宜

作り方

1. バターを室温で柔らかくし、泡立て器で滑らかにしてから粉砂糖と塩を加える。よくすり混ぜてバニラオイルを加える。
2. アーモンドプードルとふるった薄力粉を2～3回に分けて加える。オーブンで軽く焼いて刻んだナッツを加えてひとまとめにし、棒状にのばしてラップに包み冷蔵庫で30分間休める。
3. 生地を20こに切り分けて、てのひらでコロコロと丸める。冷蔵庫で30分間休める。
4. オーブンシートを敷いた天板に並べ、170℃に余熱したオーブンで5分間、160℃に落として10～15分間焼く。
5. うっすらと焼き色がつくくらいで取り出し、ビニール袋に粉砂糖とクッキーを入れて、やさしく振ってまぶす。

モンブラン

私の一番好きなケーキはモンブランです。タイプも色々あって、カップケーキにマロンクリームがのって黄色い栗の甘露煮が飾られた一般的なものから、タルト台を使って、栗を蒸してから裏ごししてマロンクリームを作る大そう手間のかかったものまで、さまざまです。ここでは焼きメレンゲを使ったフレンチスタイルのモンブランをご紹介します。

材料（4人分）

マロンクリーム	200g
マロンペースト	200g
ラム酒	少々
バニラビーンズ	1/2本
またはバニラエッセンス	数滴
生クリーム	200ml
砂糖	大さじ1
冷凍フランボアーズ	200g
砂糖	40g
好みでマロングラッセや栗の渋皮煮	適宜
焼きメレンゲ	卵白2こ分＋重量の1.5倍の粉砂糖

作り方

1. マロンクリームとマロンペーストは、ラム酒と鞘からしごいたバニラビーンズを練り合わせておく。
2. 冷凍のフランボアーズは40gの砂糖で煮ておく。生クリームは砂糖大さじ1と合わせて8分立てにしておく。
3. 器に焼きメレンゲを2〜3こを入れ、ジャム、半量のホイップクリームをのせて、上から1と残り半量のホイップクリームを混ぜ合わせたものを絞る。上に渋皮煮を飾る。

〈焼きメレンゲの作り方〉

1. きれいなボウル、卵白の重量に対して1.5倍の粉砂糖を用意する。
2. ボウルに卵白と塩、片栗粉を一つまみづつ入れ、8〜9分まで泡立てる。そこへ粉砂糖を2〜3回に分けて入れる。艶が出るまで泡立てる。
3. 絞り袋に入れて直径2〜3cmに絞り出し、100℃のオーブンで90分間焼く。

トマトのサラダ

トマトをくり抜いてエビや野菜を詰めたサラダは華やかで色々な味が楽しめて、それだけで前菜にもなります。丸い方をカットして、ヘタをはさみで切り落とし底にして下さい。丸い方はそのままふたとして飾って下さい。

材料(4人分)

トマト	4こ
エビ	8尾
きゅうり	1/2本
紫玉ねぎ	1/4こ
黄パプリカ	1/4こ
いんげん	4本
アボカド	1こ

〈ドレッシング〉

EXVオリーブオイル	大さじ3
レモン汁	大さじ2
塩	適量
こしょう	少々

作り方

1. トマトはふた部分を切って中身を取り出しておく。エビは背ワタを取り、塩ゆでしてから皮をむく。いんげんは筋を取って塩ゆでしておく。その他の野菜は1〜2cmに切っておく。
2. すべてを合わせてドレッシングと和えてトマトに詰める。

洋ナシのコンポート

最近出盛りには洋ナシが買いやすい値段になってきました。そんな時にコンポートを作ってみてはいかがでしょうか？ 生で頂く果物とはまた違った美味しさに驚きます。このレシピではイチジクも合います。

材料	
大きめの洋ナシ	4こ
グラニュー糖	150g
赤ワイン	500ml
クローブ	5こ
シナモン	1/2本
レモン汁	1こ分

作り方

1. 赤ワイン500mlと水1カップにグラニュー糖を入れて沸かし、クローブ、シナモン、レモン汁を入れて煮立てる。
2. 洋ナシは芯を残して皮をむき、丸のままシロップを入れた鍋に縦にまっすぐ入れてクッキングシートに穴を開けて落しぶたにし、中火で約15分間煮る。
3. 冷めるまでそのまま味を染み込ませる。

桃のコンポート

私はあまり甘くない桃に出会ったら、必ずコンポートにします。桃をコンポートにしておけばゼリーやシャーベットに、シロップも使えて便利です。作業がしやすいように出来るだけ固めの桃で作られることをお勧めします。

材料

桃	4こ
水	300ml
白ワイン	200ml
グラニュー糖	140g
バニラビーンズ	1/2本
レモン汁	2こ分
レモン皮	1こ分

作り方

1. 桃は縦にぐるっと一周包丁を入れてから、優しく手でひねって果肉を外す。残った種はペティナイフで斜めに切り取る。
2. 湯を沸かしレモンの汁1こ分と絞ったあとの皮の部分を入れる。
3. トマトの湯むきの要領で、穴あきおたまに皮を下にして桃をのせて湯に10〜15秒間浸ける。氷水に浸けて皮をむく。
4. 水、白ワイン、グラニュー糖、バニラビーンズ、レモン汁1こ分を合わせて沸かす。
5. 皮をむいた桃を入れてクッキングシートに穴を開け落しぶたにし、中火であくを取りながら10分間煮てそのまま冷ます。

金柑のコンポート

金柑はコンポートにしておくと、料理のあしらいに、ケーキに焼き込んだり、シロップは風邪の時に大活躍です。少し砂糖を多めにしたら、保存も利いてお正月にも使えます。種の取り方は、半分に切って爪楊枝で取る方法が一般的です。縦に6本くらい包丁を入れてから種を取ると、出来上がりが紙風船のようで可愛いですし、小さなものはそのままでもよいでしょう。

材料

金柑	500g
砂糖	200〜250g
白ワイン	200ml
水	300ml
レモン汁	大さじ2

作り方

1. 金柑は洗って横半分に切って、爪楊枝でヘタと種を取る。
2. 水、白ワイン、砂糖、レモン汁を沸かして金柑を入れる。
3. クッキングペシートに穴を開けて落としぶたにし、あくを取りながら10分間煮てそのまま冷やす。

ガトー丹波

神戸に住んでいると、丹波産の農産物の恩恵にあずかります。野菜も滋味豊かで美味しいですが、有名なのは黒豆と栗です。それを使って少し贅沢なケーキをアレンジしてみました。熟成が進んだ2〜3日めがしっとりと美味しくなります。粉類以外はフードプロセッサーで混ぜることが出来ますが、泡立て器やハンドミキサーで混ぜても結構です。

材料（高さ6cm×横幅8cm×長さ18cmのローフ型1台分）

薄力粉	50g	白あん	20g
無塩バター	60g	栗の渋皮煮	150g（8〜10こ）
アーモンドプードル	30g	栗ペースト（渋皮煮を作る時に出来る潰れた	
和三盆	40g	もの）	30g
転化糖（なければ水飴かハチミツ）	20g	黒豆の甘煮	50g
卵	2こ	柚子ジャム	適量
白味噌	20g	シロップ	適量

作り方

1 無塩バターは室温に戻し、薄力粉とアーモンドプードルはふるっておく。

2 黒豆は甘煮にしておく。黒豆と栗の渋皮煮は水気をキッチンペーパーでしっかり拭き取っておく。

3 焼型に分量外の無塩バターを塗って強力粉をはたいてから冷蔵庫で冷やしておく。

4 ボウルに無塩バター、和三盆、転化糖の順で入れてまぜ、白味噌、白あん、卵、栗ペーストも同様にし、アーモンドプードル、薄力粉と順番に何度かに分けて切り混ぜる。

5 出来上がった生地を焼型に2cmほど流し栗の渋皮煮と黒豆の甘煮を並べて上から生地を流す。

6 170℃で余熱したオーブンで約50分間焼く。途中焼きめが付き過ぎそうならアルミフォイルで覆う。

7 焼けたら竹串で確認し、取り出してからシロップを塗る。

8 しっとりさせる為にラップで包んでおく。仕上げに柚子ジャムを塗る。

〈黒豆の甘煮〉

1 カップ1の黒豆を一晩水に浸け、圧力鍋で中弱火にして栓が上がってから10分間煮る。冷めるまでおいておく。

2 ざるに空けてさっと洗う。鍋に黒豆とカップ1の砂糖、かぶるくらいの水を入れて煮る。

■ ケーキの残りの黒豆は煮汁と針生姜を容器に入れて冷やしておいたら、お茶にもコーヒーにもよく合います。

〈シロップ〉

■ 水25ml、砂糖10gを電子レンジで加熱し、溶けたらブランデー大さじ1を足す。

〈柚子ジャム〉

1 柚子を厚さ5mmくらいに輪切りにして種を取り、柚子の重量半分の砂糖をまぶして1時間おく。

2 柔らかくなるまで煮て煮汁を少し残して温かいうちにフードプロセッサーで粗みじんにする。

シュトーレン

最近クリスマスシーズンにはよく見かけるようになったシュトーレンですが、神戸ではドイツ系のパン屋さん、洋菓子屋さんが多いので馴染み深いお菓子です。私はクリスマスパーティーにお出しするだけでなくお歳暮にしたり、お正月のお茶菓子にします。2月くらいまで頂きますが熟成するケーキなので味わいが少しづつ変わっていくのを楽しみます。ここでは先に中種を発酵させて、生地全体の立ち上がりを促進させます。もし準強力粉がなければ、強力粉7：薄力粉3の割合で作って下さい。出来上がった生地を四角に整えて中央を高くするのは、ローマジパンを置く際、生地が薄いと焼き上がりが割れやすいからです。

材料（2本分）

〈中種〉
- 準強力粉（フランスパン用リスドォル） 100g
- ドライイースト 5g
- 牛乳 80ml

〈本生地〉
- 準強力粉 200g
- グラニュー糖 40g
- 塩 3g
- 卵黄 2こ
- アーモンドプードル 30g
- 無塩バター 160g
- 生地用ローマジパン 20g
- 芯用ローマジパン 160g
- ドライフルーツ（レーズン、オレンジピール、イチジクなど） 200g
- ナッツ（くるみ、アーモンドなど） 60g
- スパイス（ナツメグ、シナモン、キャトルエピス、アニスなど） 合せて小さじ1
- バニラビーンズ 1/2本

〈仕上げ用〉
- 無塩バター 適量
- グラニュー糖 適量
- 粉砂糖 適量

VI アフタヌーンティー　159

作り方

1. ドライフルーツはラム酒やキルシュに1週間以上浸けておく。ナッツ類は軽くローストして粗く刻む(写真①)。
2. 芯用のマジパンはラップに包んで転がしながら1.5cm×20cmに伸ばしておく(写真②)。中種は牛乳を30℃に温めてドライイースト、分量外の砂糖一つまみを加えて混ぜる。それを粉とよく練り合わせる。丸めてボウルに入れる。ラップをして温かいところに置いて35℃で約40分間発酵させて2倍にする。オーブンに発酵機能があれば使う。
3. 本生地はボウルに柔らかくしたバターを入れクリーム状にし、砂糖を数回に分けて入れ、卵黄も同じように入れてよく混ぜる。
4. アーモンドプードル、ローマジパン、塩、スパイス、バニラも入れてその都度よく混ぜる。そこへ強力粉を切り混ぜそぼろ状にする(写真③)。
5. 生地を強力粉の打ち粉をした伸し台に空け、中種をスケッパーやカードを使って細かく切りながら生地となじませていく(写真④)。
6. 水気をしっかり切ったドライフルーツとナッツを混ぜ込んでまとめる(写真⑤)。
7. 生地を2等分にし、真中を少し小高くして20cm角に整え、真中のところにマジパンをおく(写真⑥)。手前と向こう側からそれぞれ巻く。合わせめをしっかり閉じる。
8. オーブンシートを敷いた天板に閉じめを下にしてのせ、溶かしバターを塗って35℃で約1時間発酵させる(写真⑦)。
9. 180℃に余熱したオーブンで約40分間焼く。途中焦げてきたらアルミフォイルをかける。
10. オーブンから出して冷めたら溶かしバターを再び塗ってグラニュー糖をまぶしつける(写真⑧⑨)。
11. アルミフォイルで包んで休ませる。食べる時やラッピングの前にグラニュー糖を払って溶けない粉砂糖をすり込む。

ホットワイン

寒いシーズンにヨーロッパに行くと、街中でホットワイン屋さんの屋台に出会います。飲むと身体の中からあたたまります。肌寒い中訪ねて来て下さった方に入れて差し上げると、皆さん喜んで下さいます。クリスマスパーティーのアペリティフや案外寒いお花見にもよいでしょう。お酒に弱い方は水やフルーツジュースを加えて下さい。

材料(5～7人分)

赤ワイン	1本750ml
りんご	1こ
オレンジ	3こ
りんごジュース	300ml
ハチミツ	大さじ3
しょうが	1片
八角	1こ
クローブ	5こ
シナモンスティック	1本

作り方

1. りんごは5mm程度の薄切りにしておく。オレンジは、1こは薄い輪切り、2こは絞っておく。
2. 赤ワインにフルーツ、りんごジュース、オレンジ絞り汁、スパイス、ハチミツ、薄切りしょうがを入れ、沸騰しないようにしばらく火にかける。
3. カップに濾しながら淹れてもよいし、フルーツを入れてもよい。

チーズタルト

リッチだけどくどくないチーズタルトが食べたくて考えました。ブリーチーズの塩気がアクセントになっています。タルト台はビスケットを使って簡単に出来ますが、アーモンドも入って香ばしく、砂糖が溶けてキャラメリゼされてとても美味しく出来ました。単位上材料のチーズが余ってしまうので、いつも2台焼いて1台は冷凍しておきます。タルト台もフィリングもフードプロセッサーで作りますが、ない場合はタルト台はビニール袋に入れてめん棒でたたいて、フィリングはハンドミキサーや泡立て器を使います。

材料(直径22cmタルト焼型・1台分)

〈タルト台〉
- 胚芽入りビスケットまたはマリービスケット……80g
- 無塩バター……60g
- グラニュー糖……40g
- アーモンド16分割(小さくカットしたもの)……120g

〈フィリング〉
- マスカルポーネ……120g
- クリームチーズ……100g
- サワークリーム……50g
- ブリーチーズまたはカマンベールチーズ……80g
- 生クリーム……100ml
- 卵……2こ
- グラニュー糖……75g
- コーンスターチ……30g
- レモン汁……1こ分
- レモン皮……1こ分
- ラム酒……大さじ1

作り方

1. 台は胚芽入りのビスケット、グラニュー糖、柔らかくしたバターをフードプロセッサーで粗めに回し、アーモンドを入れてひと回しする。
2. 砕いたビスケットをタルト用焼型にビニール袋に手を入れてしっかりと押し付ける。170℃で予熱したオーブンで15分間焼く。焼けたら冷ましておく。
3. チーズ類と卵は室温に戻しておく。フードプロセッサーにチーズ類を入れて回し、砂糖、レモン汁、すりおろしレモン皮、生クリーム、卵、ラム酒を入れて回し、ふるったコーンスターチを入れて少し回す。冷めたパイクラストにチーズクリームを流し、170℃で予熱したオーブンで40〜50分間焼く。

大人のラムレーズンケーキ

私はラムレーズンが大好きで、たっぷり使ったパウンドケーキをよく作ります。ラム酒やスパイスも効かせた大人のケーキです。もちろん控えてお子さん向きにして頂いても結構です。2〜3日経った頃が味が落ち着いて美味しくなります。アニスパウダーがたっぷり入りますが、スターアニス（八角）とは風味の違うものです。

材料

（高さ6cm×横巾8cm×高さ18cm ロープ型1台）

薄力粉	100g
アーモンドプードル	30g
ベーキングパウダー	3g
無塩バター	120g
卵	2こ
グラニュー糖	80g
シナモンパウダー	小さじ1/2
アニスパウダー	小さじ1/2
生地用のラムレーズン	50g
アプリコットジャム	50g
飾り用のラムレーズン	150g
ホワイトラム酒	適宜

作り方

1. 焼型にバターを塗って、強力粉を振って冷蔵庫で冷やしておく。
2. ボウルに室温に戻したバターを入れる。泡立て器でよくかき混ぜる。白っぽくなったらグラニュー糖を3回に分けて入れる。軽く溶いた卵も3回に分けて入れる。その都度よくかき混ぜる。
3. アーモンドプードルとラムレーズンを入れる。薄力粉とベーキングパウダー、スパイスを合わせてからふるったものを3回に分けて切り混ぜながら入れる。
4. 完全に混ざったら、焼型に流して170℃で余熱したオーブンで40〜45分間焼く。
5. ラムレーズンを漬けたラム酒をたっぷり塗る。ラップに包んで保湿する。完全に冷めたらアプリコットジャムを煮詰めたものを2回塗る。表面が乾いてきたらラムレーズンを貼り付ける。

〈ラムレーズンの作り方〉

1. レーズンは沸騰した湯に浸けてすぐにざるに上げる。
2. キッチンペーパーでよく水気を拭き取って、ガラス瓶に入れて上からかぶるくらいにホワイトラムを注ぐ。
3. 1週間後から使える。

ゆかの食べ歩き

中国の男性は家事に親しむ

　料理の専門家ではなく旅行社にお勤めの中国人男性で、毎週日曜日には友人たちを招いて、大量の餃子を手作りしてふるまうそうです。

　プロ顔負けの手際で餃子を包んでいきます。力強く生地をこねるので弾力のあるプリプリの皮です。家事を分担することに慣れている中国の男性は、次々とこなしていきます。

手作り餃子、トマトと卵の炒めもの、ナスの炒めもの、杏仁豆腐を教えてもらう。

ぎょうざの準備

"さあ、美味しくいただきましょう！"

深夜のドバイにて──外国人とすぐに仲良くなるコツ

　私の外国人とすぐに仲良くなるコツをご紹介しましょう。ある日の深夜12時、ドバイのデパートでのこと。美しいのにニコリともしない販売員が私の担当に。その時私は「どこの国の方？」と聞きました。「コーカサスから」と彼女はいいました。「まあ、コーカサス？　私はチェルケズタヴー（P27参照）が大好きよ。いつも食べてるわ！」と言った瞬間、かの美女の表情が一変しました。急に輝きだしたのです。たぶん我々日本人が、コーカサスの人から「お味噌汁大好きよ、毎日飲んでるわ」と言われたくらい衝撃的だったのでは。

　その後のお買い物が気持ちよくできたのは言うまでもありません。誰しもソウルフードをほめられるのは嬉しいものです。それは決してお世辞をいうのではなく、どの国でも家庭料理は家族のために愛情込めて、手間をかけて作るものだからです。そんな食べ物が美味しくないはずがありません。

チェルケズタヴー

VII
日本のお節料理

日本のお節料理
Japan

昨今、世界中で空前の日本食ブームです。ユネスコの食の世界遺産にも認定され、お節を代表する和食のよさが認められて来ました。海外の日本料理店も以前と比べ、何倍も増えています。これが和食?! のようないい加減な店も多く、誤解される危機感を持っていましたが、本格的な日本料理店も増えて本当の良さを理解する外国人が増えたのも認められる理由の一つなのかも知れません。京都の有名な刃物店に行くと、外国人の多さに驚きます。おそらく外国人シェフでしょう。食材の豊かさのみならず、それを支える優れた調理技術と調理道具も誇れるものです。

しかし近年の和食離れは驚くほどです。特にお節は買うのが当たり前になってきています。忙しい毎日に買うのもよいでしょうが、幾品か手作りのお節料理を添えると急に優しい表情のお節になります。ここで紹介するお節料理は、我が家に伝わるものや、私のオリジナルのものです。クラスでお教えすると、お姑さんからおほめのお言葉を頂いた、いつも食べない子供達が食べた、などとご報告があります。我が家に伝わる味をそれぞれのご家庭で再現して頂けたら嬉しいです。

鯖の味噌なます

これは義母から教わった我が家の味です。結婚して初めて味噌のなますを食べて、その美味しさに驚きました。大根が美味しい季節になると普段のおかずにもよく作ります。作った翌日から、しめ鯖の旨みがなじんで美味しくなります。なますは塩加減が難しいですが、水に溶かしてから混ぜるとなじみやすくなります。

材料（10人分）

大根	1/2本(500g)
ニンジン	1/2本(100g)
しめ鯖	1～2枚
すりゴマ	大さじ3
白味噌	120g
砂糖	大さじ2
酢	50ml
水	1/2カップ＋塩小さじ1

作り方

1. 大根とニンジンはおろし器で突き下ろすか、手切りでマッチの軸の倍ほどにする。
2. 半カップの水に小1の塩を溶かし、大根とニンジンにかけて10分間程度なじませてから軽く絞る。
3. 大根とニンジンを白味噌、すりゴマ、砂糖、酢を合わせたもので和えてから、しめ鯖の薄切りを混ぜる。

クルミのごまめ

ごまめは上手に炒ったり蜜をからませたりが難しく、作っても家族にもあまり喜ばれないと聞きます。これは我が家の男性客が一番好きな一品です。クルミとごまめが香ばしく、蜜があまり甘くないからでしょう。炒る代わりにオーブンを使い、蜜に植物油を入れることで固まらず、冷めてきたら手でパラパラと外れ手軽に作れます。

材料(10人分)

ごまめ	80g
クルミ	80g
しょう油	大さじ3
ハチミツ	大さじ1
砂糖	大さじ2
みりん	大さじ1
植物油	大さじ1
七味唐辛子	適宜
白ゴマ	適宜

作り方

1. ごまめとクルミは160℃のオーブンで10分間焼いて冷ましておく。
2. しょう油、ハチミツ、砂糖、みりん、植物油を片手鍋に合わせて2/3くらいの量に煮詰めて、とろみを付ける。
3. 出来上がった蜜にごまめとクルミを入れて混ぜ合わせる。熱いうちに炒った白ゴマと七味唐辛子をふり、オーブンシートに広げて冷まし、手で固まらないうちにバラバラにする。

黒豆

我が家の黒豆には具が入っています。はじめは驚きましたが、慣れると黒豆だけ煮たものは物足りない気がします。こんにゃくの食感、ごぼうの風味、煮汁を吸った高野豆腐の取り合わせが、また違った美味しさになります。

材料（10人分）

黒豆	2カップ
砂糖	1と1/2カップ
塩	小さじ1/2
しょう油	大さじ1
高野豆腐	1こ
ごぼう	1/2本
こんにゃく	1/2枚

作り方

1. 黒豆は鍋に入れ、一晩多めの水に浸ける。そのまま弱火にかけてアクを取る。
2. 柔らかくなってきたら刻んだ高野豆腐とこんにゃく、3〜4mm幅に切ったごぼうと調味料を入れて、約2カップの煮汁を残して火を止める。
3. 何度か上下を返して、味を染み込ませる。

さつま芋の茶巾絞り

外見は伝統的な茶巾絞りですが、中身はクリームチーズ、しょうが、メイプルシロップ、シナモンが入っています。少し変わった取り合わせですが、それらはすべてアメリカの感謝祭であるサンクスギビングデーのごちそう「さつま芋のパイ」に入っています。その美味しさをそのまま茶巾絞りにしました。お節に飽きた時の口直しにいかがでしょうか？

材料(8こ分)

さつま芋(蒸して裏ごし)	200g
砂糖	30g
クリームチーズ	160g
しょうが(皮をむいて)	20g
メイプルシロップ	大さじ2
水	大さじ2
シナモンパウダー	適宜

作り方

1. さつま芋は1～2cmの厚さに切って、アク抜きのため10分間水に浸けておく。
2. 蒸し器で柔らかくなるまで蒸す。皮を外して裏ごしする。繊維や塊の食感が気にならなければそのままにする。
3. ガラスのボウルにさつま芋と砂糖を入れて出来るだけすり混ぜてからラップをし、電子レンジで砂糖が溶けるまで加熱する。
4. さつま芋を8等分、約30gに丸めておく。クリームチーズは20gに丸めておく。
5. しょうがは5mm角に切ってメープルシロップと水を耐熱ガラスのボウルに入れ、電子レンジに2分間かける。しょうがを8等分にしてクリームチーズの中に入れて丸め、底にシナモンパウダーを少し付ける。
6. さつま芋を手で押して、やや平たくしたら中央にクリームチーズを入れて丸める。布巾かラップでねじって形作る。

松 風

伝統的なお節料理ですが、和風のパテのようなものです。ここでは私の大好きな背肝（鶏の腎臓）を使ってコクを出しています。鶏肉専門店で買えますが、1羽に15～20gくらいしかありません。手に入りにくければ鶏肝を使って下さい。

材料（10人分）

鶏ひき肉	300g
背肝または鶏肝	200g
鴨肉または豚肉	100g
しょう油	大さじ2
砂糖	大さじ1
みりん	大さじ1
味噌	大さじ1
しょうが汁	小さじ1
酒	大さじ1
塩麹	小さじ2
卵	1こ
片栗粉	大さじ2
けしの実	大さじ2

作り方

1. 背肝は酒と塩麹でしばらく休めてから、炒りつけておく。
2. フードプロセッサーに背肝、鴨肉、調味料を入れて回す。混ざったら鶏ひき肉と卵を入れて混ぜる。
3. 焼き型にオーブンシートを敷いて種を流す。上から焼き型を落として空気を抜く。けしの実を振って180℃で約30分間焼く。串で中心を刺して、透明な煮汁が出たら焼き上がり。

牛肉の赤ワインソース

お節でなくても、パーティーのためによく作ります。赤ワインは甘くないもの、しょう油はあまり塩辛くないものをお使い下さい。牛肉は中心部分を半生で仕上げるのでローストビーフ用のブロック肉をお使い下さい。ゆっくり冷める間に煮汁の旨味がしみ込んで美味しくなります。煮汁は煮詰めてソースにするだけでなく、保存してカレーやオムライス、野菜炒めのコク出しに使えて便利です。

材料（5人分）

牛もも肉ブロック	500〜600g
赤ワイン	2カップ
しょう油	2/3カップ
みりん	大さじ1
ニンニク生姜（P.15参照）	大さじ1
オリーブオイル	大さじ1
黒粒こしょう	少々

作り方

1. 牛肉はオリーブオイルをひいたフライパンで焼きめを付ける。
2. 赤ワイン、しょう油、黒粒こしょう、みりん、ニンニク生姜を鍋に入れて沸かし、アルコールを飛ばして肉を入れる。
3. いったん沸騰させてから弱火であまり煮立たせないように途中上下を返して10分間煮る。
4. そのまま冷めるまで蓋をして置いておく。

鴨の照り焼き

お節の中に入っていると、とても豪華に見えますが、作り方は思ったよりも簡単です。少し赤みが残るくらいに仕上げます。指で押して弾力があるくらいで出来上がりです。またあまり弾力を感じたら、お節として保存が悪くなるのでもう少し加熱して下さい。

材料（6人分）

鴨肉（ロース肉）	1枚（約300g）
しょう油	大さじ2
砂糖	大さじ1/2
みりん	大さじ2
酒	大さじ1
マスタード	適量

作り方

1. 鴨肉は焼き縮み防止のために、皮めだけに深さ2～3mmの格子状に切れめを入れる。
2. フライパンで皮から焼く。焼き色が付いたら返して軽く焼く。
3. 鍋に湯を沸かし、肉をさっとくぐらして余分な脂を落とす。フライパンを軽くふき、肉を戻してから調味料をまぜながら煮詰める。
4. 指で押して弾力があるくらいで火から下ろし、網にのせて冷ます。薄切りにしてマスタードを添える。

VIII
ボンボン オ ショコラ

ボンボン オ ショコラ
Bonbon au chocolat

Ⅷ ボンボン オ ショコラ　177

　トリュフに代表される一口サイズのチョコレートのことです。チョコレートは人をいやすといわれています。確かに疲れたとき、落ち込んだときに食べる一粒のチョコレートはお腹の底からエネルギーとなって私たちに活力を与えてくれます。原料のカカオの産地と品種によって風味と味が大きく左右されます。また工程の中に一番重要なテンパリングという作業があります。溶かして温度調整をすることで、一旦壊れたカカオバターの結晶を安定させて、他の材料と一つにまとめる重要な作業です。成功すれば美味しさの決めてとなる、なめらかな口溶けのよさと光沢を得えられます。
　少し難しい作業ですが是非一度トライして手作りチョコレートの美味しさと楽しさを体験して下さい。ここでは出来るだけ失敗のないテンパリングの方法をご紹介しています。小さな一粒に手間と複雑な風味が詰められ、口に入れると造り手の愛情が感じられます。バレンタインデーに手作りチョコを差し上げると、最高の笑顔に出会えることでしょう。

テンパリング

テンパリングとはチョコレート菓子を作る時にもっとも重要な温度調整の作業です。最近ではテンパリングをせずに使えるチョコレートもありますが、製菓用チョコレート"クーベルテュール"の美味しさとは格段に違うので、是非テンパリングに挑戦して下さい。ここでは私が比較的手に入り易いクーベルテュールの中で一番美味しいと思う、ヴァローナ社のブラックチョコレートを使って簡単な方法をご紹介しましょう。

メーカーによってテンパリングの温度が全く違うので、製菓材料店のホームページなどで確認するとよいでしょう。一旦溶かしたチョコレートの温度を下げる時に方法がいくつかあります。冷水で冷やしたり、チョコレートの塊を入れて目標の温度に下げた後に取り出したり、刻んだチョコレートを溶かし込んで下げる、など色々あります。溶かしたチョコレートに対して入れる刻んだチョコレートの分量も1：1〜5：1くらいまであって、いろいろ試してみた結果一番安定しているのは3：1だと思います。正しいテンパリングをしないと、口どけや光沢が悪くなるどころか固まらないこともあります。

用意するもの

ブラックチョコレート・クーベルテュール（ヴァローナ社・カラク）
カカオ56％ 400g
小さい鍋
大きいボウル
温度計
ゴムベラ

VIII ボンボン オ ショコラ　179

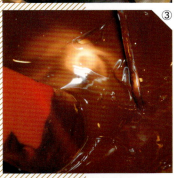

テンパリングの方法

1. 100gのブラックチョコレートを小さく刻んでおく（写真①）。
2. 大きめのボウルにブラックチョコレートを300g入れる。水蒸気が入らないように小さめの鍋に水を一旦沸かして火を消したところにのせる（加熱したままボウルをのせない）（写真②）。
3. 53～55℃まで温度を上げて溶かす。すぐに湯煎から外す（写真③）。
4. それ以上温度が上がらないうちに小さく刻んだ100gのチョコレートを入れて溶かしながら温度を28～29℃まで下げる（写真④）。
5. 作業する温度は31℃にするが、一定にするのが難しいのでヘアードライヤーを当てて保温する。

テンパリング温度（ヴァローナ社の場合）

- ブラックチョコレートは53～55℃で溶かし、28～29℃まで下げる。作業する温度は31℃。
- ミルクチョコレートは48～50℃で溶かし、27～28℃まで下げる。作業する温度は29～30℃。
- ホワイトチョコレートは48～50℃で溶かし、26～27℃まで下げる。作業する温度は28～29℃。

マンディアン

最近人気の高級なイメージがあるマンディアンですが、テンパリングにさえ成功すれば、あとは手早く絞り、あらかじめ用意したナッツとドライフルーツを彩りよくのせるだけです。絞り袋は使い捨てのビニール製をお勧めします。

材料（直径5センチ、約20枚分）

ブラックチョコレート ……… 200g
ドライフルーツ（イチジク、レーズン、アプリコット、オレンジピールなど）
……………………… 各20切れ
ナッツ（クルミ、アーモンド、ピスタチオなど）…………………… 各20こ

作り方

1. ナッツ類は軽くローストしておく。ドライフルーツは適当な大きさに切っておく。
2. テンパリングを済ませたチョコレートを絞り袋に入れて先端を切る。
3. クッキングシートにチョコレートを直径3cmくらい絞り出して、広がって5cmくらいになるようにする。先に全部絞り出すと固まってしまうので一度に沢山は絞らない。
4. ドライフルーツとナッツを飾る。しっかり固まった後にシートから外す。

オランジェット

オレンジピールを手作りすればとても美味しいオランジェットが出来ますが、市販のオレンジピールを使うことも出来ます。程よい苦味がワインやブランデーにもよく合って、大人のチョコレートと言えるでしょう。

材料（約20〜25本分）

ブラックチョコレート ……… 200g
オレンジピール ……………… 約20本

作り方

1. オレンジピールはシロップを切り、ざる等に空けて一晩乾かしておく。
2. テンパリング済のチョコレートを少し深めのボウルに入れる。
3. オレンジピールを手に持ってチョコレートの中に2/3のところまで浸して、クッキングシートに並べていく。好みで全部浸けてもよい。

チェリーボンボン

サクランボをブランデーに漬けるところから始めます。時間がかかりますが、特に面倒なことはありません。小さなアルミカップに入れることを思いついたら、失敗がなくなりました。サクランボのブランデー漬けは、サクランボを洗って水気をよく拭き取り、茎の先端を切ってガラス瓶にサクランボを入れてブランデーをかぶるくらい注いで、約半年間漬け込みます。大人チョコレートの代表です。

材料（20個）

ブランデー漬けサクランボ	20粒
ブラックチョコレート	200g
粉砂糖	100g
キルシュ	適量

作り方

1. サクランボを取り出してブランデーを拭き取ってから乾かしておく。
2. 粉砂糖にキルシュを少量混ぜ少し固めで湯煎にかける。少し緩んできたら湯煎から外す。
3. 冷めたらサクランボの茎を持って2/3のところまでアイシングをかける。粉砂糖をふったバットに並べていく。
4. 小さめのアルミカップの底にテンパリング済のチョコレートを少量流し、サクランボをのせる。その上から茎までかぶるほどチョコレートをかける。冷めて固まったら出来上がり。

トリュフ3種

トリュフはボンボンショコラの代表。外側はチョコレートに覆われて固く、中は緩めのガナッシュクリームが入っています。作り方もガナッシュクリームを丸めてチョコレートをかけたものや、チョコレートで出来た中が空洞になってクリームなどを入れる小さな口が開いている市販のトリュフボールを使ったものなどがあります。テンパリングが難しい方はトリュフボールにクリームを詰めてから、ジャムや湯煎で溶かすだけで使えるコーティング用チョコレート、サインペンチョコなどで口をふさぐふたが出来ますので、是非挑戦してみて下さい。世界3大珍味の名前をもらったチョコレートはかりっとした食感が弾けると中からどこまでも滑らかなクリームがとろけ、贅沢なひとときを味わえます。

フランボワーズトリュフ

木苺の甘酸っぱさがホワイトチョコレートの優しさと出会って、爽やかながらもより豊かな味わいになります。ドライイチゴを粉状にして粉砂糖と合わせて、出来上がったトリュフにまぶすと甘酸っぱく美味しいうえに可愛らしくなります。

材料（20個）

〈ガナッシュクリーム〉

ホワイトチョコレート …… 100g

生クリーム …………………… 50g

トレモリン（転化糖のこと水飴でも可）………………………… 10g

フランボアーズピュレ …… 70g

グラニュー糖 ………………… 10g

無塩バター …………………… 10g

キルシュ（サクランボのリキュール）………………………… 10ml

〈チョコボール〉

ふた・上がけ用ホワイトチョコレート ………………………… 100g

トリュフボール・ホワイトチョコレート ……………………… 20こ

ドライイチゴパウダー＋粉砂糖 ……………………… 20g＋10g

作り方

1 ガナッシュクリームは生クリーム、トレモリン、フランボアーズピュレ、グラニュー糖を軽く煮詰める。

2 これをホワイトチョコレートにかけて　熱が全体にまわるように15秒間ほどおく。空気を入れないようによく混ぜる。バターをちぎって入れ、よくなじませてからキルシュを加える。

3 20℃以下になったらガナッシュクリームを絞り袋に入れて、トリュフボールに入れていく。ふたになる分を控えて絞り入れる。

4 テンパリング済のチョコレートをふたになるように入れる（テンパリングが済んでいないとふたが外れる）。

5 固まったら使い捨てビニール手袋に少量のチョコレートを取り、3こずつくらいを掌で転がす。粉にしたドライイチゴと粉砂糖を混ぜ合わせたところに転がしてまぶしつける。

キャラメルトリュフ

少し焦がした苦みのあるキャラメルに、ミルクチョコレートが合って、後を引く美味しさ。男性に一番人気のトリュフです。キャラメルパウダーをまとって、お口に入れた瞬間いっそうキャラメルへの期待が高まります。キャラメルクリームはアイスクリームやパンに塗っても美味しいので多めに作って下さい。

材料（20個）

〈ガナッシュクリーム〉
- ミルクチョコレート ……… 90g
- 生クリーム ……………… 60g
- トレモリン（水あめ） …… 10g
- キャラメルクリーム ……… 50g
- 無塩バター ……………… 10g

〈チョコボール〉
- ふた・上がけ用ミルクチョコレート ……………… 100g
- トリュフボール・ミルクチョコレート …………… 20こ
- キャラメルパウダー＋粉砂糖 ……………… 20g＋10g

作り方

1. 生クリーム、トレモリン、キャラメルクリームを火にかけて混ぜながら軽く沸騰させる（写真①）。
2. ボウルに入れたチョコレートにかけて15秒間ほどおく。空気を入れないように混ぜる。バターをちぎって入れる（写真②）。
3. 20℃以下になったら絞り袋に入れて、トリュフボールに入れる。ふたになる分を控えて入れる（写真③）。
4. テンパリング済のミルクチョコレートをふたになるように絞り入れる（写真④）。
5. 固まったら使い捨てビニール手袋に少量のミルクチョコレートを取り、トリュフボール3こほどを掌で転がす（写真⑤）。
6. キャラメルパウダーと粉砂糖を混ぜ合わせたところに転がして粉をまぶしつける（写真⑥）。

〈キャラメルクリームの作り方〉

1. グラニュー糖100gと水大さじ1を鍋に入れて火にかける。全体に色付くまで触らない（写真⑦）。
2. 色が濃くなってきたら火から下ろしたり、また戻したりしながら焦げ加減を調整する。この時焦げ過ぎに注意する（写真⑧）。

3 充分焦げ色が付いてきたら室温に戻した生クリーム100ｇを加えて火から下ろし、よくかき混ぜる（写真⑨）。

4 鍋に付いた飴を再び火にかけて溶かす。ボウルに入れて冷やし、ビンなどに入れて保存する。

紅茶のトリュフ

チョコレートと紅茶、特にアールグレイは相性がとてもよいのでお勧めです。ブラックチョコレートで作るとほろ苦く大人の味に、ミルクチョコレートで作るとロイヤルミルクティーのようなまろやかな味になります。製菓用紅茶のパウダーがなければ粉砂糖やココアパウダーでもよいでしょう。

材料（20個）

〈ガナッシュクリーム〉
ブラックチョコレート……100g
生クリーム……100g
トレモリン（水あめ）……10g
アールグレイ……3gまたはティーバッグ1袋
無塩バター……10g
コアントロー……大さじ1

〈チョコボール〉
ふた・上がけ用ブラックチョコレート……100g
トリュフボール・ブラックチョコレート……20こ
紅茶パウダー＋粉砂糖……20g＋10g

作り方

1 生クリーム、トレモリン、紅茶を軽く沸騰させる。

2 ボウルに入れたブラックチョコレートに濾しながら入れる。15秒間ほどおいてから空気を入れないように混ぜる。バターをちぎって入れ、なじませてからコアントローを加える。

3 20℃以下になったら絞り袋に入れて、トリュフボールに入れていく。ふたになる分を控えて入れる。

4 テンパリング済のブラックチョコレートをふたにするように絞り入れる。

5 固まったら使い捨てビニール手袋に少量のブラックチョコレートを取り、トリュフボール3～4こを掌で転がす。

6 紅茶パウダーと粉砂糖を混ぜ合わせたところに転がして粉をまぶしつける。

プリュンヌ

作り方は簡単ですが出来上がったチョコレートは高級感漂うものです。種つきのプルーンの種を抜いて使うと身が柔らかくて口当たりがよいのですが、皮が破れやすいので初めての方は種抜きプルーンをお勧めします。干し杏や干し柿でも美味しく出来ます。差し上げたら必ずリクエストがかかるチョコレートです。

材料（30個）

ブラックチョコレート	200g
生クリーム	200ml
無塩バター	15g
乾燥プルーン	400g（大きいサイズ約30こ）
ブランデー	大さじ1＋小さじ1
ココアパウダー	30g

作り方

1. プルーンはブランデー大さじ1でマリネして1時間休める。
2. プルーンの両端にある穴の片方からスプーンの柄や指などで空洞を作って、反対側の穴は指でつまんで出来るだけふさいでおく。取りやすいようにバットに縦に並べておく（写真①）。
3. 生クリームを軽く沸騰させてボウルに入れたブラックチョコレートにかける（写真②）。
4. 15秒間ほどおいてから空気が入らないように優しく混ぜる（写真③）。
5. 無塩バターを入れてよくなじませたらブランデー小さじ1を入れて、絞りやすい固さまで氷水を当てて冷やす（写真④）。
6. プルーンのもう一方の穴を指でふさぎながら直径8mmの口金を付けた絞り袋で奥に押し込んでから、引抜きながら絞り出してからバットに戻す（写真⑤）。
7. ガナッシュクリームが少し固まったら指で口を閉じて、ボウルに入れたココアパウダーの中を転がしてまぶしつける（写真⑥）。

ソンシソン（サラミソーセージの意）

名前通り切り口を見たらサラミソーセージそっくりです。毎年チョコレートシーズンの終わりに余った材料をすべて合わせて作ります。テンパリングが済めば混ぜるだけなので簡単に出来ますが、固まる途中で筒状に形作るのと、完全に固まらないうちにスライスすることに気を付けて下さい。

材料（約20枚）

ブラックチョコレート	200g
ナッツ、ドライフルーツ、マシュマロ、クッキーなど	合計250g
粉砂糖	大さじ3

作り方

1. テンパリングの済んだチョコレートにオーブンで軽くローストしたナッツ、ドライフルーツ、マシュマロ、クッキーなどを混ぜ合わせる。
2. 細長い容器にラップフィルムを敷き、チョコレートを流す。
3. 少し固まってきたら包んで両端をねじる。台の上で転がして直径5〜6cmの円筒形に整える（完全に固まると成形出来ない）。
4. 冷えて固まってきたら、粉砂糖をまぶしてすり込む。厚さ7〜8mmに切る。

プラリネジャンドゥーヤ

ジャンドゥーヤとチョコレートを混ぜて、アーモンドの飴がけを粉砕したプラリネ（写真①）と薄いゴーフルのようなパユテフォユティーヌ（ロイヤルティーヌ）を合わせたものです。ジャンドゥーヤ（写真②）とはローストしたヘーゼルナッツをペースト状にしてチョコレートと混ぜたものですが、最近人気でコンビニにも並ぶほどです。作り方は難しくありませんが、ジャンドゥーヤは溶解温度が低く分離しやすいため、温度に気を付けて下さい。ローストして砕いたナッツやクッキーを砕いたものを入れても結構です。

材料（21cm×21cm×4cmカードル1台分）

ミルクチョコレート	200g
製菓用ジャンドゥーヤブラック	200g
ロイヤルティーヌ	100g
アーモンドプラリネ	100g

作り方

1. ミルクチョコレート（ヴァローナ社製）を入れたボウルを直接湯に当てないように湯煎で48℃まで上げて溶かし湯煎から外す（写真③）。
2. ジャンドゥーヤを出来るだけ細かく切って加える。温度が下がっても溶けていなければ、30℃を超えないように気を付けながら再び湯煎にかける（写真④）。
3. 溶けたらロイヤルティーヌとアーモンドプラリネを加える（写真⑤）。
4. 型に流してから、完全に固まる前に一口大の長方形に切る（写真⑥）。

チョコレート・キャラメル・タルト

私の大好きなものを組み合わせたチョコレート菓子です。と言ってもオリジナルではなく、フランスのスーパーに行くとクッキーのコーナーに箱入りで売っています。しかし手作りの美味しさは格別ですのでぜひ一度試してください。簡単に作れるようにタルト生地はシンプルな配合に、キャラメルもエバミルクと砂糖を煮詰めるだけにし、チョコレートはテンパリングをせずに流します。

材料（21cm×21cm×4cmカードル1枚分）

〈タルト生地〉
薄力粉	180g
無塩バター	120g
グラニュー糖	40g

〈キャラメル〉
エバミルク	大1缶(411g)
無塩バター	140g
グラニュー糖	100g

〈チョコレート〉
ブラックチョコレート	120g
無塩バター	60g
グラニュー糖	50g
水	大さじ1

作り方

1. タルト生地はふるった薄力粉、グラニュー糖をボウルに入れてちぎったバターを混ぜる。手で軽くこね合わせてクッキングシートを敷いた焼型に伸ばしてフォークで穴を開ける。

2. 170℃のオーブンで15〜20分間焼いて冷ましておく。

3. バター、グラニュー糖、エバミルクを鍋に入れてから弱火で約20分間煮詰める。とろみが強くなりキャラメル状になったらタルト台の上から流して冷やし固める。

4. 鍋にグラニュー糖、バター、水を入れて火にかけて溶かしてから、チョコレートを加えてよく混ぜ合わせたら、キャラメルの上から流して冷やし固める。

5. 完全に固まる前に一口大に切り分ける。

カリカリ

頂いたチョコレートが美味しかったので私好みにアレンジしました。飴部分を厚めにし、カリカリとした食感とホワイトチョコレートのまろやかな取り合わせがとても美味しいので、食べ出したら止まらない危険なチョコと言われています。始めは名前がありませんでしたが、友人や生徒さんたちからあの"カリカリ"が食べたい！ と勝手に名前が付けられていきました。これも少し苦めの飴が合うので焦げ過ぎに気を付けて充分加熱して下さい。キャラメルパウダーが手に入らなければ粉砂糖をまぶして頂いても結構です。

材料(約300g)

ホワイトチョコレート	150g
ピーカンナッツ	100g
グラニュー糖	70g
無塩バター	15g
キャラメルパウダー＋粉砂糖	20g＋10g

作り方

1. ピーカンナッツを160℃のオーブンで約10分間軽くローストしておく。
2. 鍋にグラニュー糖と水を大さじ1入れて煮溶かし、色付いてくるまで触らないようにする(写真①)。
3. 色付いてきたら、火から下ろしたり戻したりし充分色付くまで加熱する(写真②)。
4. ピーカンナッツを鍋に入れて飴と混ぜる(写真③)。
5. 無塩バターを加えてナッツが割れないように優しくすべてをなじませる(写真④)。
6. クッキングシートを敷いたバットに広げる。完全に固まる前に手で飴がけしたナッツを外す(写真⑤)。
7. 完全に冷めたナッツにテンパリング済のホワイトチョコレートをボウルの底を氷水で冷やしながら3回ほどに分けてかける(写真⑥)。
8. 大体チョコレートが固まってきたら、キャラメルパウダーと粉砂糖を合わせたものを3回に分けてなじませる。

IX

アペリティフ

アペリティフ
Aperitif

IX アペリティフ

アペリティフとはフランス語で食事が始まる前に頂くワインやカクテル、ソフトドリンクなどを指しますが、一口サイズのおつまみ料理であるアミューズ・ブーシュを頂きながらおしゃべりを楽しむという広い意味があります。

外国人のパーティーに招かれた時に、招待された人が揃うまでアミューズを頂いて、飲み物を片手に待つ時間がとても楽しく豊かに感じました。この習慣を我が家でも取り入れたいと思い、私のパーティーには沢山のアミューズが並びます。全て簡単で美味しく、作り置きが出来るものばかりです。おしゃれなおつまみをいくつか用意しておくと、メイン料理は簡単なものにして気楽に友人を招くことが出来ます。

毎年6月の第1木曜日は"アペリティフの日"です。世界中で同時開催され、飲み物とアミューズを頂きながらさまざまな趣向を楽しみます。一流シェフが競って供するアミューズは、小さいながらもまるで小宇宙のようです。

アボカドのディップ

料理上手なイタリア人の友人のパーティーで出されたアミューズがとても美味しく、作り方を教えてもらったところあまりにも簡単で驚いてしまいました。カニカマを添える発想は私たちにはないものです。オニオンスープの素は塩加減がメーカーによって違いが大きいので加減して下さい。出来れば乾燥玉ねぎが入ったものをお勧めします。

材料(4人分)

アボカド	2こ
オニオンスープの素	大さじ1〜2
生クリーム	大さじ2
マヨネーズ	大さじ1
レモン汁	大さじ1
カニカマ	1パック

作り方

1. アボカドは半分に切って種と皮を取り除く。粗く刻んでスープの素、生クリーム、マヨネーズ、レモン汁を合わせてよく混ぜる。
2. 変色を防ぐために外した種をアボカドディップに戻し、盛り付ける直前まで入れておく。盛り付けてからカニカマを添える。

サーモンマリネ

サーモンマリネは一度作り置きしておくと、突然の来客やおつまみが欲しい時にとても便利です。サンドイッチやサラダ、パスタの具材に使い回しも出来ます。多めに作ってラップフィルムに小分けして冷凍しておくとよいでしょう。エルブドゥプロバンス（P.206参照）や他の好みのドライハーブを使っても生のローズマリーやディルを使っても美味しく出来ます。マリネ用の塩はサーモンの重量の3〜4％を目安にして下さい。薄くスライスするには冷凍すると切りやすくなります。好みの薬味（玉ねぎ、ゆで玉子、パセリ、ケイパーなど）を添えても結構です。

材料（4人分）

刺身用サーモン	400g
砂糖	大さじ1
塩	大さじ1
エルブドゥプロバンス	小さじ1
粗びき黒粒こしょう	小さじ1/2
EXVオリーブオイル	大さじ2

作り方

1. 生サーモンは塩と砂糖をまぶし冷蔵庫で一晩休めておく。
2. 流水でさっと洗い流してから、ていねいに水気を拭き取っておく。
3. ラップフィルムを広げて、オリーブオイル大さじ1をのばし、ハーブとこしょうの半量をふる。その上にサーモンをのせ、またその上からオリーブオイル、ハーブ、こしょうの半量をふってラップフィルムで包む。このまま冷凍する。

豚のリエット

魚や野菜のリエットもありますが、リエットといえば一般的に豚肉にラードを添加し、肉の繊維と脂をからませたものです。かなり脂分が多く重たいものです。そこで骨付きの豚肉、スペアリブを使うことを思い付きました。圧力鍋で煮ることによってスペアリブの骨から旨味が出て、程よく脂もあって軟骨もコリコリととても美味しく出来ました。沢山作って冷凍しておけば、オープンサンドやパスタソース、スープのコクだしに使えてとても便利です。鍋で約2時間煮込んでも出来ます。

材料（10人分）

スペアリブ	1kg
玉ねぎ	1/2こ
セロリ	1/2本
白ワイン	1と1/2カップ
ニンニク生姜（P.15参照）	大さじ2
塩	大さじ1
粗びき黒粒こしょう	小さじ1
エルブドゥプロバンス（またはローリエ）	大さじ1(3枚)
オリーブオイル	大さじ1

作り方

1. 圧力鍋にオリーブオイルを入れてニンニク生姜を炒める。香りが立ってきたら薄切りにした玉ねぎとセロリを加えて軽く色付くまで炒める。
2. 野菜の上から塩、こしょうをしたスペアリブ、エルブドゥプロバンス、白ワインを入れて圧力鍋のふたをし、火にかけて栓が上がってから15分間中弱火で加熱する。
3. 冷めてからふたを取り、骨を取り除き、鍋ごと冷やしながらフォークで引っかいてラードと肉の繊維を絡ませる。

ロースハムと野菜のディップ

とても簡単なディップですが、出来上がったものは美味しくて
手が込んでいるように感じます。野菜は出来るだけ小さく刻み
ます。塩で休めると水気が出るので固く絞ってから使います。
前日にここまで済ませておくと後の作業が簡単です。

材料（4人分）

きゅうり	1本
玉ねぎ	1/4こ
ロースハム	50g
マヨネーズ	大さじ2
カレー粉	小さじ1
塩	大さじ1/2
こしょう	少々

作り方

1. きゅうりと玉ねぎは細かく刻んで塩をして10分間休める。
2. 固く水気を絞ってクッキングペーパーの上にのせておく。
3. ロースハムは細かく刻んでフライパンでから煎りする。
4. 野菜、ロースハム、マヨネーズ、カレー粉、こしょうを合わせる。

サバのリエット

アジやイワシでも同じようなリエットが出来ます。肉類と違っ
て油脂がないのでバターやクリームチーズを使って魚の繊維を
結着します。白身魚でも出来ますが、クセのある青魚がリエッ
トになると旨味に変わります。

材料（4人分）

サバ	1尾
白ワイン	1カップ
玉ねぎ	1/2こ
ローリエ	1枚
ニンニク生姜	大さじ1
ケイパー	大さじ2
ピクルス	2本
カレー粉	小さじ1/2
無塩バター	50g
塩	小さじ1
こしょう	少々

作り方

1. 3枚におろしたサバに塩・こしょうをしておく。
2. 薄切りにした玉ねぎの半量、ニンニク生姜、白ワイン、ローリエを鍋に入れサバを上にのせる。ふたをして弱火で15分間蒸し煮にする。
3. 冷めたらサバを取り出し、皮や骨などを取り除く。半量の玉ねぎ、ケイパー、ピクルスをみじん切りにして、カレー粉、無塩バターと混ぜ合わせる。

豚と鶏レバーのテリーヌ

これはフランスのビストロで出されるテリーヌをアレ
ンジしました。長期保存が出来るので長く楽しむこと
が出来ます。豚のリエットで作るスペアリブの蒸し煮
と煮汁を使って歯ごたえと旨味を、テリーヌが冷めて
からゼリー液を流すことによってしっとりとした食感
を再現できました。少し手間と時間はかかりますが、
調理法は難しくはありません。より長期に保存すると
きには溶かしたラードで表面を覆って下さい。

材料（10人分）

豚のリエット（P.198参照）の材料
鶏レバー	200g
豚ひき肉	300g
生クリーム	200ml
卵	2こ
ピスタチオ	大さじ2
ブランデー	大さじ2
塩	小さじ1
粗びき黒こしょう	小さじ1
豚肉の煮汁	50ml+150ml
粉ゼラチン	大さじ1/2

作り方

1. スペアリブ1kgを豚のリエットの要領で圧力鍋を使って蒸し煮する。豚肉を取り出し煮汁を濾しておく。
2. 冷めてから骨や固い軟骨を外した豚肉（約500g）と鶏レバーをそれぞれ1cm角に切る。
3. ボウルに豚ひき肉、生クリーム、卵、ブランデー、豚肉の煮汁50ml、ピスタチオ、塩、こしょうを混ぜてよく練り合わせる。
4. 1cm角に切った豚肉と鶏レバーを崩さないようにさっと混ぜ、ボウルに入れてぴったりラップをして一晩休める。
5. バターを塗ったテリーヌ型か耐熱容器に、膨らみ分を控えて8分め以下まで空気を抜いて詰める。全体を2重にアルミフォイルで包んで180℃のオーブンで1時間、天板に水を入れて湯煎する。
6. 豚の煮汁150ml（足りなければ水を足す）を加熱し、大さじ1と1/2の水でふやかしたゼラチンを入れてゼリー液を作り、テリーヌにかける。ぴったりとラップをして一晩ねかせる。

ロールパイ

冷凍のパイシートを伸ばし、好みの具材をのせて巻くと簡単にロールパイが出来ます。私が好きな具材で巻いたらとても美味しいアミューズになりました。冷凍した状態で保存しておいたものは、半解凍にして卵黄を塗ってスライスすればすぐに焼けます。バジルペーストの代わりに生のバジルやイタリアンパセリを刻んでオリーブオイルと混ぜ合わせたものでも結構です。

材料(5人分)

- パイシート　　　1枚(21cm×21cm)
- 生ハム　　　　　50g
- ドライトマト　　1枚
- 粒マスタード　　大さじ1
- バジルペースト　大さじ1
- パルメザンチーズ　大さじ3
- 粗びき黒こしょう　小さじ1/2
- 卵黄　　　　　　1こ分

作り方

1. パイシートを1.5倍にのばし、粒マスタード、バジルペーストを塗る。
2. 小さく刻んだ生ハムとドライトマトをちらし、パルメザンチーズとこしょうをふる。
3. 端からきつく巻いて卵黄を塗り、ラップでピッタリと包んで冷蔵庫で30分間冷やす。ラップごと1cm幅に切ってクッキングシートに並べる。
4. 180℃に余熱したオーブンで10分間焼き、160℃に温度を下げてもう10〜15分間、生ハムが焦げやすいので気を付けて焼く。

ブルーチーズのテリーヌ

ブルーチーズはチーズの中でもクセがあるので好き嫌いが分かれるところです。ドライフルーツとナッツを入れることにより、とても食べやすくなります。材料を混ぜ合わせるだけで出来ますので、ブルーチーズが苦手な方にぜひ試して頂きたいと思います。

材料(6人分)

ブルーチーズ	200g
クリームチーズ	100g
無塩バター	100g
レーズン・アンズ・クランベリーなど	100g
ラム酒もしくはキルシュ	大さじ2
クルミ	100g
イタリアンパセリ	2〜3本

作り方

1. レーズンは湯でさっと洗って、アンズとクランベリーとともにラム酒につけておく。ドライフルーツの半分を細かく、半分を粗く刻む。
2. ブルーチーズ、クリームチーズ、無塩バターを室温に戻しておく。
3. 柔らかくしたバターをボウルでよく練る。ブルーチーズとクリームチーズを2〜3回に分けて入れてその都度よく混ぜる。

4 イタリアンパセリ、ドライフルーツ、軽くローストして刻んだクルミを加えてよく練る。

5 ラップを敷いた型にすき間なく詰めて、1時間以上冷蔵庫で固める。

じゃが芋のクラッカー

マッシュポテト用の乾燥じゃが芋のフレークが余っていたので、クラッカーに練り込んだら美味しいかもしれないと思って作ってみました。特にブルーチーズに合いますが、そのほか色々なものをのせても、このまま食べても美味しいです。パルメザンチーズや黒粒こしょう、七味、ハーブなどを混ぜて、バリエーションを楽しんで下さい。フードプロセッサーで作ると簡単ですが、ゴムベラで混ぜても出来ます。フリーザーバッグに入れて冷蔵庫で休ませて使いますが、そのまま冷凍しておくといつでも使えて便利です。

材料（5人分）

薄力粉	100g
じゃが芋フレーク	50g
無塩バター	80g
砂糖	大さじ1
塩	小さじ1
卵	1こ

作り方

1 薄力粉はふるって、じゃが芋のフレーク、砂糖、塩をフードプロセッサーで混ぜ合わせておく。

2 バターを入れて混ぜ、なじんだら軽く溶いた卵を2回に分けて入れる。混ぜ過ぎないように気を付ける。

3 まとまったらフリーザーバッグ（サイズL）に入れて口を少し開けてそのままめん棒でのばす。生地をぎりぎりまでのばしてから口を閉じてなじませる。

4 冷蔵庫に入れて1時間休める。冷凍する時はこの段階です。

5 フリーザーバッグをはさみで切り開き、好きな型で抜くか切り分ける。

6 クッキングシートに並べて170℃で余熱したオーブンで15分間焼く。

パプリカのムース

赤パプリカは黒くなるまでよく焼くと甘みと旨みが強くなります。この作業が面倒な方は切ってからスープで煮ると簡単に皮がむけます。ペースト状にしたパプリカと生クリームをゼラチン液でゆるく固めますが、パプリカパウダーを少し加えることによって風味と赤い色味が強くなります。相性の良いアボカドとエビを取り合わせると鮮やかで、グラスに盛り付けるとより華やかになります。

材料(5人分)

パプリカ	3こ
コンソメ顆粒	小さじ2
粉ゼラチン	大さじ1
パプリカパウダー	小さじ1
生クリーム	100ml
アボカド	2こ
レモン汁	大さじ2
サンバルもしくはタイチリソース	大さじ1
こしょう	少々
エビ	15尾

作り方

1. パプリカはヘタと種を取り6等分に切る。
2. 皮を下にして網にのせて表面が黒くなるまで焼き、水に取って皮をむく。
3. 鍋に水を2カップとコンソメ顆粒を煮立たせパプリカを入れて煮る(パプリカを焼かない場合、同様のスープで煮て柔らかくなるまで煮て皮をむく)。
4. フードプロセッサーにかけてピュレ状にする。
5. 鍋の煮汁150mlを取り、足りなければ水を足して電子レンジで60℃まで加熱する。
6. 水大さじ3にゼラチンをふり入れふやかしておいたものを入れる。
7. パプリカのピュレ、パプリカパウダー、ゼラチン液、こしょうを入れて合わせてからこす。
8. 7分立てした生クリームと合わせてからガラスの器に流して冷やす。
9. 固まったら1cm角に切ったアボカド、レモン汁、チリソースを合わせたものをのせる。
10. 背ワタを取り、塩茹でして皮をむいたエビをアボカドの上に飾る。

エルブドゥプロバンス

フランス語で南仏のハーブという意味ですが、南仏料理に使うだけでなく、肉や魚を調理する時の香り付けやシチューなどの煮込み料理、スープに味の深みを付けたい時などに使う万能ミックスハーブです。

セージ、ローズマリー、タイム、ローリエ、フェンネルなどが入っています。これ1本あればほとんどの西洋料理に使えて便利です。

X

簡単
デザートと
おやつ

簡単デザートとおやつ
Dessert & Snack

X 簡単デザートとおやつ　209

わが家のホームパーティーでは必ずデザートを用意します。インスタントのゼリーミックスを使ってムースを作ったり、市販のスポンジ生地でデコレーションケーキを作り、時間をかけずに美味しく出来ます。

いちごのヨーグルトババロア

いちごとヨーグルトの酸味、生クリームのまろやかさが合ってとても爽やかな美味しさです。簡単に出来る本格的なデザートです。口当たりのために少しゆるめに作ります。前もって作っておくと当日の準備が楽になります。

材料(4人分)

ハウスゼリーエース(いちご)	1箱
無糖ヨーグルト	150ml
生クリーム	1パック(200ml)
いちご	1パック
熱湯	150ml

作り方

1. 熱湯にゼリーの素を入れてよく溶かしておく。
2. 生クリームは6分立てにしておく。
3. いちごの半量は粗くつぶしておく。
4. ボウルにゼリー液、生クリーム、無糖ヨーグルト、つぶしたいちごを合わせ、氷に当て冷やしながら混ぜる。とろみが付いてきたら器に入れて冷やす。
5. 固まったら半量のいちごを上に飾る。

マンゴープリン

マンゴープリンは丁寧に作ると、とても手間がかかりますがゼリーの素を使うと簡単に出来ます。使うゼリーの素はいろいろありますが、ここではJELL-O（ジェロ）という商品名の、アメリカではゼリーの素の代名詞になっているほど有名なものを使います。国産と輸入物のゼリーの素は使う水分量が違うので気を付けてください。完熟マンゴーを使うとより本格的なマンゴープリンが出来ますが、最近では冷凍マンゴーが通年美味しいので、凍ったまま使うとすぐに固まって便利です。

材料（4人分）
JELL-O（アプリコット・ピーチ）	1箱
マンゴー	2こ
牛乳	200ml
生クリーム	1パック(200ml)
キルシュ（サクランボのリキュール）	大さじ1
熱湯	150ml

作り方
1. 熱湯にゼリーの素を入れてよく溶かしておく。
2. 生クリームを6分立てにしておく。
3. マンゴー2この皮をむき、1cm角に切る。
4. ボウルにゼリー液、牛乳、キルシュを合わせてから生クリームとマンゴー1こ分を入れる。氷に当て冷やしながら混ぜる。とろみが付いてきたら器に入れて冷やす。
5. 固まったらマンゴー1こ分を上に飾る。

ココナッツのレモンケーキ

このレモンクリームのケーキはアメリカの友人が懐かしいママの味と教えてくれました。スポンジ台を焼くと美味しいのですが、市販のものにするとより簡単に出来ます。レモンクリームの酸味と優しい甘みのココナッツロング（乾燥ココナッツを細長く切ったもの）の取り合わせが爽やかです。

材料（6人分）

スポンジ台	1台
卵黄	2こ
グラニュー糖	120g
レモン汁	大さじ3
レモン皮すりおろし	1こ分
コーンスターチ	大さじ4
水	1カップ
無塩バター	50g
レモンリキュールまたはキルシュ（サクランボのリキュール）	大さじ1
ココナッツロング	1カップ

作り方

1. 卵黄とグラニュー糖をよくすり混ぜる。
2. 水とコーンスターチをよく混ぜ、卵黄に注いでよく混ぜてから鍋に入れる。
3. 弱火で少しづつ加熱する。透明になってぽってりとしてきたら、火を止めてレモン汁、レモン皮、レモンリキュール、無塩バターを入れてよくかき混ぜる。
4. スポンジ台を半分に切ってレモンクリームを表面に塗り、重ねてから全体の表面に塗る。
5. クリームを塗ったスポンジ台にココナッツロングを貼り付ける。

ラスク

バゲットが沢山余ったのでラスクを作ってみました。ココナッツとクリームが焼けると甘く優しい香りがします。薄切りにしたバゲットを一旦乾かしますと、よりカリカリと香ばしく焼けます。メープルシロップを使って、優しい旨味のある甘さにしていますが、なければキビ砂糖を使ってください。チョコレートをかける時は無塩バターとメープルシロップを同量ずつ練り合わせ、パンに塗ってから同様に焼いて、テンパリングの要らないコーティング用チョコレート（パータグラッセ）を湯煎してかけます。

材料（20枚）

バゲット	5mm×20枚
生クリーム	大さじ3
ココナッツパウダー	大さじ3
ココナッツロング	大さじ3
メープルシロップまたはキビ砂糖	大さじ3

作り方

1. バゲットを5mmの厚さで薄切りにする。
2. ざるに広げ軽く乾かしておく。
3. 生クリーム、ココナッツパウダー、ココナッツロング、メープルシロップを練り合わせ、フランスパンに塗って、余熱した150℃のオーブンで15〜20分間焼く。

世界の家庭料理はみんな美味しい
国際クッキングクラブ

トルコ料理を学ぶ

左上：フンムス　右上：ぶどうの葉包み
左下：ナスの肉詰めとピラフ　右下：バクラバ

インド料理を学ぶ

上：ピスタチオのカルダモン風味クッキー　右下：チキントマトカレーとビリヤニ（炊込みご飯）　左下：ピクルス風サラダ

ベトナム料理を学ぶ

左上：黒豆とパイナップルのチェー
左下：手羽先の揚げ煮　右下：魚とオクラのスープ

イタリア料理の先生から招かれて

いつも素晴らしく美味しいイタリア料理でもてなして下さいました。上はブロッコリーのテリーヌ。

アメリカ料理を作る

ロスで活躍中のミュージシャンのお二人、マイケル・ホワイトさんと奥さまのレイセイ・チェンさん。お二人共、お料理がお得意。

ダルマワニタ婦人会

インドネシアの国家公務員の配偶者による婦人会。インドネシアの文化を紹介したり、日本人との交流を目的としています。

カナダ海軍の方をお招きして

やはり天ぷらとのり巻きが好評。

感謝をこめて

　私は神戸市長田区に住み、阪神淡路大震災を体験しました。まさに九死に一生を得ました。なぜ私が生かされたかを考えたとき、神様に"食で人を幸せにしなさい"と言われた気がしました。その後、多くの食に関することを発信してきました。

　この本を読んで頂いて、少しでも幸せを感じて下さればと願っております。

　ご覧のとおりこの本では中近東の家庭料理からスタートしています。これは企画した最初に決めたことです。私の友人にレバノン人がいます。5ヶ国語以上を話す聡明な女性です。その友人が「祖国を出た時はすぐに帰るつもりだったんだけど、まだ戦時下にあるので帰りたくても帰れない」というのです。平和に暮らす私は、祖国に帰れない寂しさを想像するしかありませんでした。そんな大変な中でさえ、いつもレバノン料理でもてなしてくれ、素敵な外国人の友人達と引き合わせてくれました。彼女から平和の大切さと、食が人と人をつなぐ大切なものであることを教わりました。そんなわけで彼女に敬意と感謝をこめて、レバノン料理でスタートを切りたかったのです。

　本書が世に出るにあたって、きめ細かいサポートと励ましを下さった西田書店の日高徳迪さん、日高睦子さん。渾身のエネルギーを注いで下さった装丁デザインの臼井新太郎さんと佐野路子さん。センスあふれるしつらえを演出して下さった親友でもあるテーブルコーディネーターの牧信江さん。写真を見てぜひ撮影して頂きたかった写真家の鈴木誠一さん。たくさんのアドヴァイスを頂いたバリ料理研究家の新野節子さん、国際クッキングの外国人講師の方々、それを支えてくれたクラブメンバーの方々、関わって下さったすべての方々のお力が集まってこの本が生まれました。皆さまに心よりお礼を申し上げます。

　そして最後になりましたが本書に過分な文章を寄せてくださった東京ドームホテル総料理長、鎌田昭雄様に感謝の意をささげます。

2016年3月6日

正路 育加

正路育加（しょうじ・ゆか）◆ 1993年より外国人主婦、シェフによる料理クラブ "国際クッキングクラブ" を主宰。1996年より外国家庭料理教室 "ボンボニエール" を主宰。2006年～2016年FMわぃわぃにて料理番組 "ゆかのグローバルクッキング" にDJとして出演。1990年よりマクロビオティックを学び、2008年より戸練ミナ氏（パティスキュイジーヌ慶奈）に重ね煮を学ぶ。フランス菓子を杉野英実氏（イデミ・スギノ）、河瀬義和氏（ティザーヌ）に学ぶ。現在、料理教室ボンボニエールでは外国家庭料理と重ね煮をデモンストレーションと実習で丁寧に教えている。ホームページは www.yukaskitchen.com

ゆかのグローバルクッキング

◆ 世界の家庭料理はこんなに美味しい

2016年4月20日　初版第1刷発行

◆ 著者

正路育加 しょうじ・ゆか

◆ 発行者

日高徳迪

◆ 本文・カバー写真撮影

鈴木誠一

◆ テーブルコーディネーター

牧　信江

◆ 制作協力

正路浩一

◆ ブックデザイン

臼井新太郎装釘室（臼井新太郎＋佐野路子）

◆ 印刷・製本

東京印書館（プリンティングディレクター　髙栁 昇）

◆ 発行所

株式会社西田書店

〒101-0051 東京都千代田区神田神保町2-34 山本ビル

Tel 03-3261-4509 Fax 03-3262-4643

http://www.nishida-shoten.co.jp

©2016 Syoji Yuka Printed in Japan
ISBN978-4-88866-601-5 C2077

◆ 定価はカバーに表記してあります。

◆ 乱丁／落丁本はお取替えいたします。